MIRAKLENES TID

家庭养育七步法 ❷

充满奇迹的婴儿期

（0~2岁）

Hedvig Montgomery
[挪威] 海德维格·蒙哥马利 —— 著　　马博 —— 译

北京联合出版公司
Beijing United Publishing Co.,Ltd.

图书在版编目（CIP）数据

家庭养育七步法 . 2，充满奇迹的婴儿期 /（挪威）海德维格·蒙哥马利著；马博译 . -- 北京：北京联合出版公司，2023.7
ISBN 978-7-5596-5723-7

Ⅰ. ①家… Ⅱ. ①海… ②马… Ⅲ. ①幼儿教育—家庭教育 Ⅳ. ①G781

中国版本图书馆CIP数据核字（2021）第225452号

Copyright © Hedvig Montgomery &Eivind Sæether [2018]
Published by arrangement with Salomonsson Agency, through The Grayhawk Agency Ltd.
Simplified Chinese edition copyright © 2023 by Beijing United Publishing Co., Ltd.
All rights reserved.
本作品中文简体字版权由北京联合出版有限责任公司所有

家庭养育七步法2: 充满奇迹的婴儿期

[挪威] 海德维格·蒙哥马利（Hedvig Montgomery） 著
马博 译

出 品 人：赵红仕
出版监制：刘　凯　赵鑫玮
选题策划：联合低音
责任编辑：剪　鑫
装帧设计：聯合書莊

北京联合出版公司出版
（北京市西城区德外大街83号楼9层　100088）
北京联合天畅文化传播公司发行
北京华联印刷有限公司印刷　新华书店经销
字数120千字　880毫米×1230毫米　1/32　6.75印张
2023年7月第1版　2023年7月第1次印刷
ISBN 978-7-5596-5723-7
定价：49.80元

版权所有，侵权必究
未经书面许可，不得以任何方式转载、复制、翻印本书部分或全部内容。
本书若有质量问题，请与本公司图书销售中心联系调换。电话：（010）64258472-800

目 录

孩子需要你　001
那些第一次　007
　　保护分娩后的自己　008
　　安全问题　010

I 家庭养育七步法　013

第一步　情感纽带 —— 与宝宝建立亲密关系　015
　　第二个与孩子接触的人　021
　　爱需要付出　023

第二步　理解孩子的重要感受　035
　　让婴儿平静下来　036
　　大脑是一个建筑工地　036

倾听孩子的声音 038
将语言和感受联结起来 039
"你必须学会分享！" 043
恐惧感 044
先接受一切，再设法处理 045

第三步 **反思自己的反应模式 057**
你的反应模式是什么样的？ 058
我们的父母 060
距离太近或距离太远 061
我很抱歉 063
观察自己的父母 064

第四步 **正确设定边界——一个温柔的开始 079**
小探险家 079
解决问题 080
愤怒的成年人 082
拒 绝 084

纪　律　084
你的感受只属于你自己　085
权威和自由　086

第五步　**协调家庭关系　091**
被"毁掉"的父母　092
一起经历这段时间　093
如何看待你的家人　094
充满热情充满爱　095
维持良好夫妻关系的 5 个建议　097
孤独的爱人　098
夫妻关系破裂　101
如果还是不行呢？　102

第六步　**管好你的情绪　107**
我可以打孩子吗？　108
停下来想一想　109
尽早创建良好的相处模式　111

避开令孩子不舒服的环境　112
救命！1 岁大的孩子会咬人　113
孩子什么时候应该学习　114

第七步　学会适当放手　119
　陌生人　120
　放手太快　121
　过度执着　123
　单亲父母　125
　入　园　125
　适应环境　127
　孩子不复杂　128
　把孩子交给幼儿园　129

II 养育婴幼儿的几个重点　133

母乳喂养和辅食　135

母乳喂养的原理　135

第一种辅食　140

一起用餐　140

睡眠与节律　145

入睡困难　147

孩子的大脑需要做梦　147

一些技巧　149

有问题的方法　153

好兆头　155

一切都会解决的　156

只是短暂的一刻　157

语　言　161

认真对待孩子　164

两种语言　166

家　庭　171
家庭秘密　171
兄弟姐妹之间的嫉妒　173
双胞胎，三胞胎，甚至四胞胎　174
意外的兄弟姐妹　175

社交媒体　181
屏幕保姆　182
真实的交流　183
我可以分享什么　184

遇到特殊困难时该怎么办　189
父母的责任　189
"一个艰难的妈妈"　190
早　产　191
婴儿肠绞痛　192
残疾儿童　193

一份给特殊儿童父母的建议清单　194

产后抑郁症　196

孩子的本性　199

致　谢　203

参考文献　205

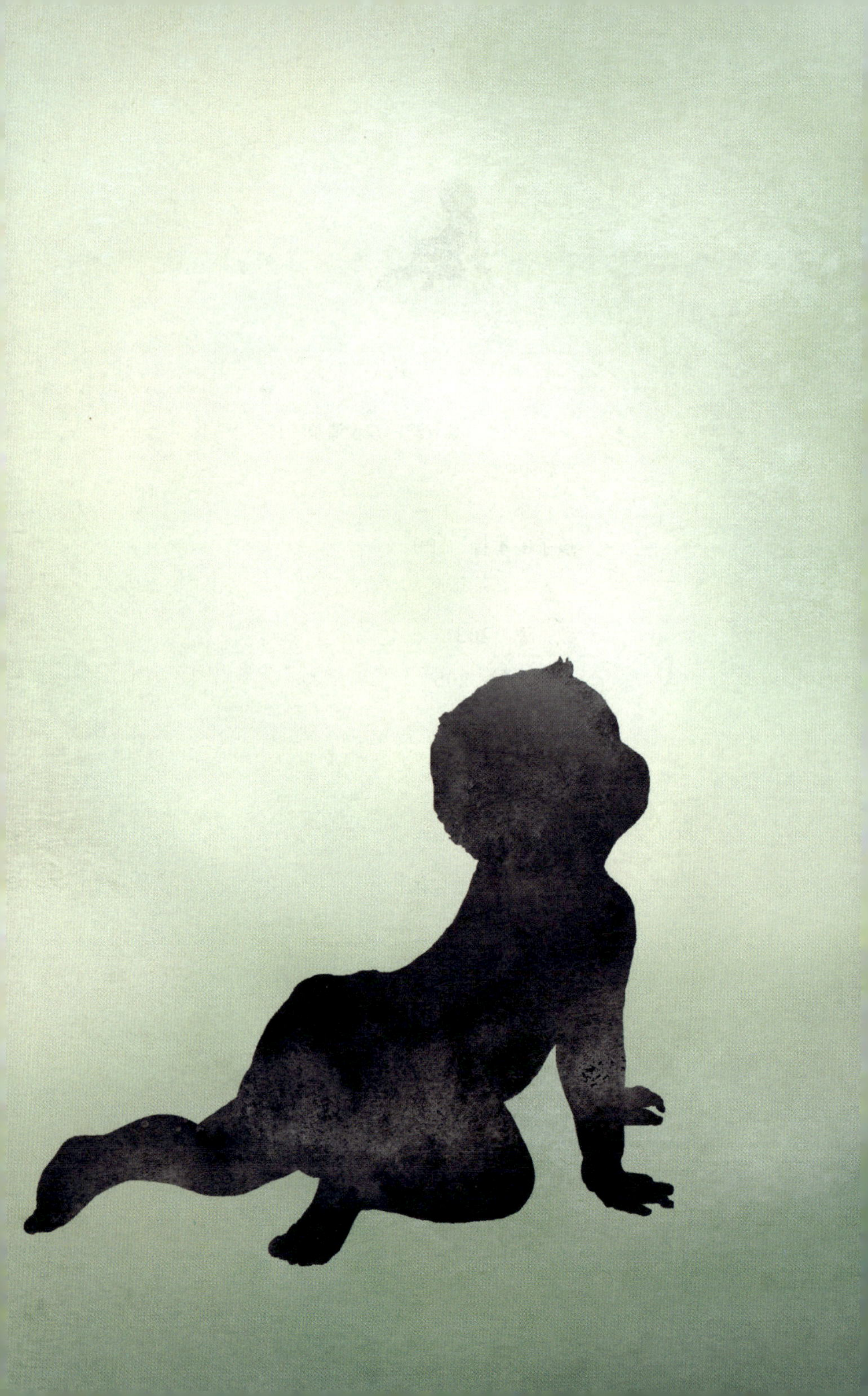

孩子需要你

生命中新的一天就这么拉开了序幕——一个新的小生命诞生了。他赤裸着小身体，看上去很无助，开始呼吸、哭泣、熟睡。这是一个已经拥有完整小手指和小脚趾的小家伙，是一个刚刚来到这个世界的新的小家伙，而你则是他的整个世界。

然后呢？育儿生活将怎样拉开序幕？

这本书是《家庭养育七步法》育儿系列丛书的一部分。在第一卷《家庭养育七步法：成为优质父母并不难》的基础上，我会再介绍七个简单的步骤，它们可以帮助你成为自己理想中的父母。本书专门针对0~2岁婴幼儿的父母，我会向大家具体介绍使这个年龄段的孩子与环境和谐相处的基本要素，并在此后几册书中继续对小学到青春期各个年龄段的孩子进行深入探讨，内容将涵盖所有你在未来将会一一经历的美好或者不那么美好的育儿时光。普遍适用的育儿方法并不存在，与之相反，育儿方法必须分别适合儿童的各个发育阶段，所以这套书根据年龄阶段来划分，它们将帮你了解自己孩子在成长的各个阶段都将面临怎样的问题，会发生怎样的变化。从婴幼儿到成年，孩子成长的每一阶段都将给家长带来不同的挑战和独特的快乐，当然，你要持续不断地帮助孩子正确认识自己，找到自己的位置。

我会在本书中告诉你如何在孩子人生的头 24 个月里帮他们调节成长的节奏。在第一部分中，我会再次强调七个步骤对孩子有多重要，希望能帮助你避免最常见的错误。比如，什么事情对婴幼儿来说最重要，如何理解 1 岁幼儿的感受，为什么不必特别约束 2 岁幼儿。成为父母是一件既动人又伟大的事情，可它同时也是令人敬畏的责任。这个过程从照顾一个幼小的生命开始，直到小生命长大，可以翱翔于自己的世界，找寻属于自己的幸福时才作罢。为人父母需要找到恰当的节奏，营造出让全体家庭成员都感觉舒适的良好氛围，把家打造成孩子的避风港，让他们觉得自己在任何时候都被关心和重视，任何时候都可以在此栖息，拥有依靠。

在本书的第二部分，我将回答所有新晋父母都会遇到的问题：与孩子的睡眠、玩耍、营养、语言有关的知识有哪些，婴幼儿会向大人学什么，我们无须对哪些事感到紧张，等等。当然，我们要探讨的内容还有很多，所有这些讨论的终极目的就是：让父母从一开始就与孩子建立起良好关系。

这一阶段是为孩子的自信心和安全感打基础的阶段，他们需要在各种情况下逐步培养起自信心：在生病的时候，在欢乐的时候，在遇到成功或者失败的时候，在摇摇晃晃开始第一次尝试骑自行车的时候……总之，孩子在任何时候都需要保持自信。

从现在就开始培养吧！

在孩子出生的头两年里，会发生很多令大人惊叹的事，我无法用更加美好的语言来形容这段令人难以置信的奇妙旅程：从一个无助的小婴儿到在其他奔跑的小孩身边开始学着蹒跚走路；从无法单独做任何事情到想要尝试自己做所有事情。

孩子在他们人生的头两年里带给你的感受，就如同浩渺的宇宙一般璀璨永恒。

你也许会在某个瞬间感到绝望或害怕，也许会由于不确定自己的做法是否正确而患得患失，但更多的是无法用语言形容的幸福。

在我工作室的大窗户下面有一个小小的书架，哎呀，我觉得我应该赶快清理一下它了。小书架被上面堆着的专业书籍压得有些变形，下层那些最早的书籍都已经有些破旧了，它们都表明我在这里的工作已经持续很长时间了。

每当坐在此处，我的大脑总会想着一件事，一件多年来我反复向父母们强调的事：孩子需要你。

生活会迫使你和你所爱的人经历人生的起起落落，人生的本质就是如此。即使不是完美的父母，你依然是孩子最需要的人。这个小小的生命完全依靠你，总是紧紧跟着你，喜欢用他（她）的小脸蹭你的面颊，总是需要父母的温暖、哺育和抚触。你不需要在孩子成长的每个细节上都做得尽善尽美，不需要给孩子购买最好的尿布和食物，不需要因为自认为没有完美地扮演好父母的角色而感到羞愧，不需要强迫自己一定要有光鲜的外表，不需要周围的人都认为你是完美的父母。

你只需要明白，孩子不能没有你。

每个人都会犯错，都存在不足之处，但对于孩子来说，你就是他们一生中最重要的那个人。孩子要依靠父母稳固的支持来拼尽全力勇往直前，所以，即使失败在所难免，你也要尽量努力弥补自己的不足。

你面前的这个小家伙，有着小小的手指和脚趾，发出温柔的咿咿呀呀声，睁着好奇的眼睛，而且很快就会面露微笑——你最重要的任务即将开始。

然而事实上，这个任务在开始时总是伴随着换不完的尿布、不停息的婴儿啼哭、无尽的睡眠不足还有连绵不绝的新烦恼。手忙脚乱之余，你能做的只有期待未来的奇迹。你将迎来美好的亲子时光。

总有一个爱的空间

怀孕这件事有计划内和计划外之分。对于那些被期待了许久才终于降生的孩子来说,他们的父母在他们出生之前就已经历了多年的期望、焦虑,甚至是多年的失望。还有一些父母,他们在孩子还在母亲的子宫中成长的时候就不断担忧:"这个孩子聪明吗?"生命的背后总有很多故事,但最终的结果都是孩子的降临。

无论你在哪里,当孩子到来时,总有一个地方是为他准备的港湾。一个孩子的到来会给你带来充实的感受和无尽的希望。在经历了痛苦的分娩之后,所有属于孕期的疑虑和担忧都会烟消云散,而你的孩子,一个活生生的小生命,一个你很爱的小家伙,将正式参与你的生活。

总有一个地方是为你的孩子准备的。

现在,你应该尽一切努力,用爱来填满这个空间,去好好打造并利用这个空间。

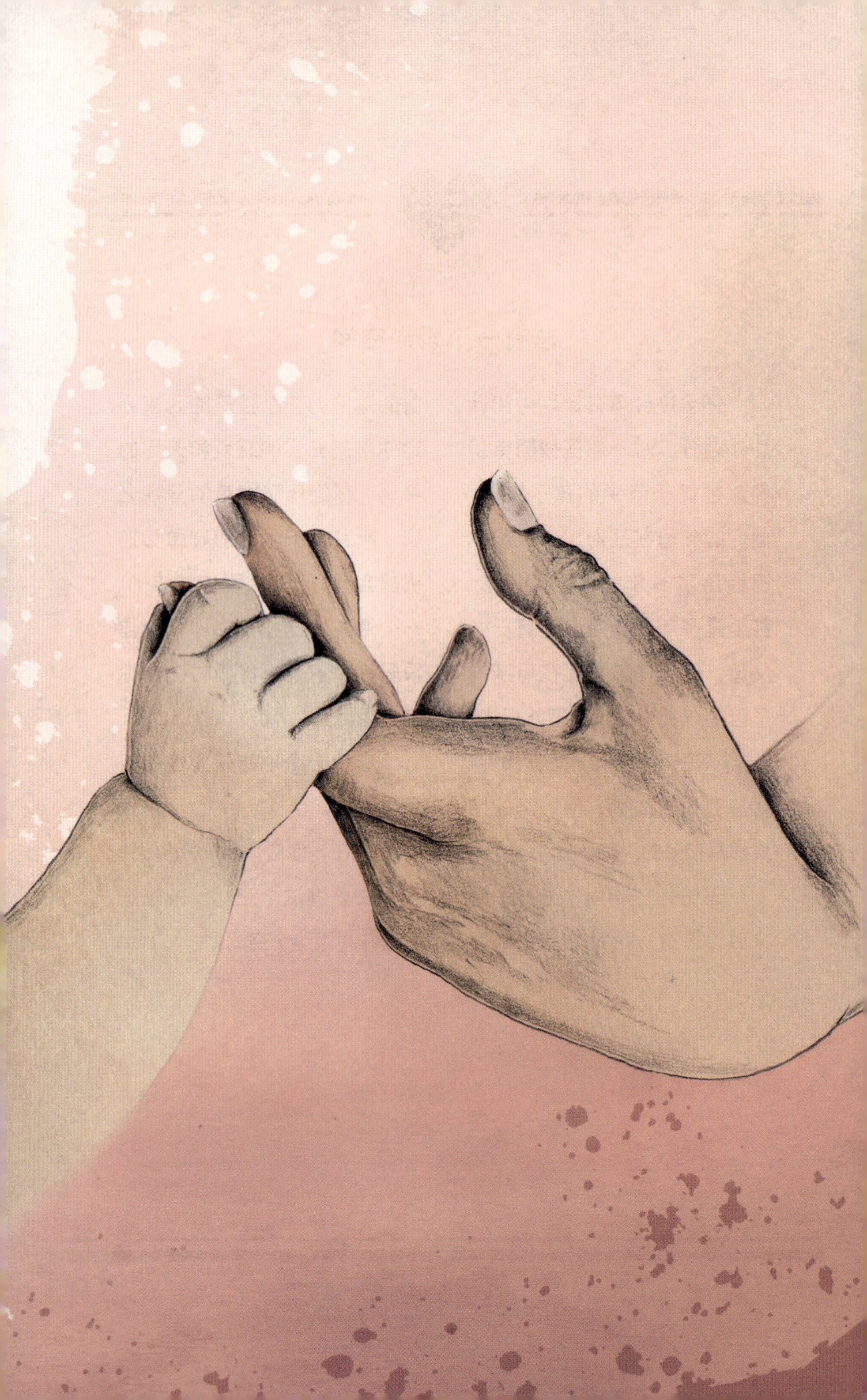

那些第一次

距我第一个儿子出生的时刻已经过去25年了，但所有发生的事情及其细节依然清晰地存在我的脑海之中，这真的很奇妙。那是奥斯陆十月份一个寒冷冬日的清晨，我仍然记得当时房间里的塑料踢脚板，地板刚打扫过的气味，还有医院无菌床上的那些用品；仍然记得分娩后的寂静，以及偶尔从走廊或其他房间传来的一些响声，那是别人家的孩子出生的声音；仍然记得病房里那些进进出出的陌生人。这一切，正是迎接新希望的场景。

我低头看着刚出生的儿子，一种很奇妙的感觉油然而生，我完美的小家伙！小小的指甲都长在它们该长的地方，小眼睛渐渐适应了光线，小嘴唇发出些许嘶哑的声音。这样说可能听起来很奇怪，但，他已经是一个真正的人了——不再是属于我身体的一部分，而是一个独立的人，是他自己。欢迎你，小小的陌生人！我依偎在他身边，小声对他说："我将永远保护你，不让你受到任何伤害。"这话现在回想起来略显忧伤，却是我在那个时刻唯一想说的话。

可就在不久之后，我发现这话是不正确的。

保护分娩后的自己

孩子的降生永远是一件生死攸关的大事，会让人突然对某些原始的、本能的事物产生深深的依恋，感觉就像一个与这个技术时代格格不入的事件。赋予生命使你更贴近自己的天性。无论对于经历分娩的女性，还是对于参与妻子生产过程的伴侣来说，这都是一段将会铭记一生的经历，这一刻已成为你人生的重要里程碑。

经历分娩的痛苦后，一些新的、未知的事物将向你涌来，你和孩子会形成一个小集体，在最初的这段时间里，尽可能不要给这个刚刚诞生的小集体带来伤害。孩子出生的头几天，新妈妈会变得特别感性——这种情感美丽而脆弱。婆婆不经意的一句议论，护士的一个小小的批评，都会瞬间击中新妈妈敏感的心。生产前夕，身体里的内啡肽分泌旺盛，这让我产生在分娩之后可以马上参加马拉松比赛的错觉；但实际上，我在产后的第三天连去医院售货亭的蔬菜柜台挑选两个西红柿都很困难。在情绪上，我总是处于很高兴或很崩溃的两个极端状态。雌激素分泌突然间大量减少，身体需要时间来恢复平衡，在这个时候，只有以下几点可以给你提供帮助：镇定的情绪、亲密关系和他人的支持。

> 共同分享这一刻！孩子刚刚降生的这段时间，是你与孩子共同经历的最亲密的时光。如果你独自生下孩子，并想与人分享这一时刻，那么社交媒体就远远不够，你需要一个有血有肉的人与你分享快乐。

此外，人们常常低估一场艰辛的分娩对身体的损耗，在此后很长一段时间，母亲都会深刻感受到身体遭受的重创。

绝不存在什么安逸的分娩方式，不仅如此，对于许多家庭来说，所有家庭成员都会在孩子降生后经历一个漫长的共同成长的过程。人们对于生命降临这件事的描述，总是偏向于其美好而伟大的意义，却淡化了真实的背景——将生命带到世上来的过程包含很多艰辛，剖宫产也是如此。身体组织和腹部肌肉的愈合往往伴随疼痛，刚分娩完的你甚至无法抱起孩子。对于产妇所必须经历的这些创伤，目前仍没有减轻的办法。

我从未听说过有人完全不经历痛苦就能诞下孩子。即使很多人觉得这是无稽之谈，我还是坚持认为应该为妈妈们提供心理治疗，让她们谈论自己在生孩子时经历的事情，让她们表达对这件人生中最不寻常的事件产生的感受。为经历过的事情找到合适的语言，记录下自己的故事，为自己经历过的痛苦找到一个出口，这将对你的健康大有裨益。

安全问题

一个小生命降生的同时也意味着另一个成年人要失去自我。孩子一出生就会迅速占据你的整个内心，你的一切考虑都将围绕孩子的需求，以及应该如何保护这个小家伙。父母们总会过度紧张，担心乐高积木会不会带来危险，担心不给孩子及时清洗小手会不会让孩子感染可怕的病毒。成年人每天总要弯下腰悉心照料孩子，总觉得孩子身边充满潜在障碍和危险：担心床上用品及新买的衣服是否含有有害物质，担心细小的物品是否会被孩子当作食物误吞下去……危险元素不胜枚举。这些都很正常，也是我们在面对一个新的小生命时的正确态度：我们必须时刻小心。

婴儿自己不懂得应该仰卧睡觉，6个月大的孩子可能随时会从尿布台上掉下去，8个月大的孩子会去攀爬摇晃的梯子，1岁的孩子随时可能捡起不能被吞咽的东西放进嘴里，2岁左右的孩子可能会突然撒欢奔向街道……你应确保他们的安全。

当然，世上没有百分之百的安全，让孩子完全避免所有危险是不可能的，作为父母，唯一能做的就是将日常生活中的错误操作和潜在风险降到最低。

然而许多父母因过于担心而陷入焦虑。假如你已经为了孩

> **你应该考虑采取下述这些安全措施**
>
> 1. 保证孩子在一个温度适宜的房间里以仰卧的姿势睡觉。
> 2. 固定楼梯和窗户。
> 3. 固定重的家具,防止它们倾倒时砸到孩子。
> 4. 确保孩子远离火炉或明火。确保火灾探测器功能正常。
> 5. 无人照看时,不要让孩子在尿布台上待着。
> 6. 当孩子在身边时,请小心那些滚烫的液体和食物。
> 7. 切勿摇晃孩子!婴幼儿比人们想象的脆弱得多。

子的安全安装了楼梯防护门,却仍然十分担心,那么这种过度的焦虑会影响你的健康,更严重时甚至影响你与孩子的正常相处。

在这种情况下,你用来感知孩子、和孩子维持亲密关系的通道将被阻塞。要知道,你有足够的时间去应对自己的恐惧,但与孩子在一起的时光不应被过度紧张所影响。

我那天早上在医院对儿子低声说要保护他免受任何伤害就错了,因为那是不可能做到的。你没办法让孩子免受任何伤害,不过你可以做到这一点:帮助他们养成安全的行为习惯。

I

家庭养育七步法

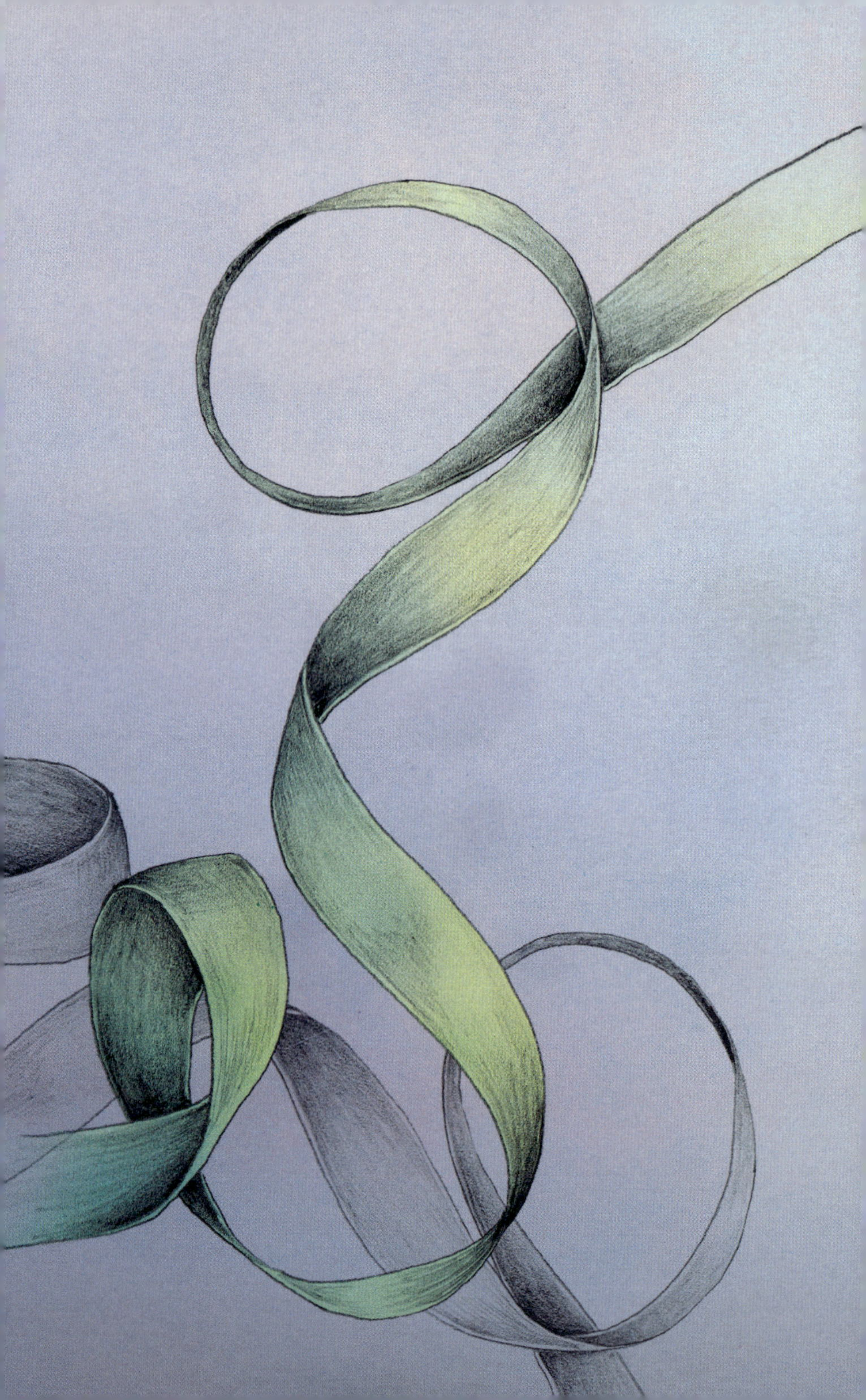

第一步
情感纽带
——与宝宝建立亲密关系

我们如何一步步成为现在的自己？什么使我们快乐？什么使我们孤独？什么赋予我们安全感？又是什么导致我们躁动不安？

你与孩子之间的交流始于产房。从生命的第一天起，小家伙就开始向你发送小小的信号，并期待着你的反应。我们人类从生命之初就本能地寻找身边可以依靠的人，这不是很好吗？小孩子喜欢父母的声音、气味和温暖的皮肤。

童年漫漫，作为新手父母的你正处于起步的阶段，与孩子首次见面的意义重大而深远，无论是亲生的孩子，还是收养的孩子，你都会永远铭记第一次见面的时刻。有些人需要时间来逐步培养与孩子的亲密关系，而另一些人在看到胎儿第一张模糊的超声图片时就已亲情泛滥——觉得自己与那颗小小的、跳动着的心脏如此亲近。这条"纽带"总会在某个时刻萌芽于你和孩子之间——那种美好的感觉来得没有任何理由，也无法用任何语言准确形容，可它正是孩子安全感的来源和保障。

> 孩子在出生后头一年里无须学习太多知识，也不需要做特定的事情，重要的只有饮食和抚慰，其他的都可以等待来日。

无论是前来找我咨询的，还是听我演讲的父母们，认识我的人都知道，我始终在不遗余力地向他们介绍这条"纽带"。我敢肯定，我的这些演讲损害了许多食品公司的利益，但我唯一的心愿便是所有父母都能懂得如何与孩子相处，因为这样做会让许多儿童和成年人的生活变得更加美好。

这种亲子纽带的联系由三个部分组成，在孩子出生后的头24个月内，你可以通过很多事情来建立起密切的亲子关系，其目的是为孩子打造一种归属感，让孩子明白，家是一个可以永远依靠，并在任何时候都欢迎他（她）回来的地方。

你的任务便是建立这条纽带，并且不惜一切代价去保护它，无论你和孩子对未来的期望是什么样的。

这条"纽带"会成为孩子面对未来所有事情的坚实工具，帮助他们成为一个能够融入身边环境的人，为培养孩子独立、勇敢、快乐的人格奠定一个良好的基础。

为实现这个目标，我建议你采取以下三种方法。

1. 建立牢固的信任基础

你要帮助孩子做所有他们尚不能独立完成的事情，这也是为人父母最重要的任务之一。这听起来似乎很容易，可实际上，面对那么幼小的孩子，你需要学着将自己"置于孩子的位置上"，去了解他们的需求。因为婴幼儿不会准确表达，一旦出了问题，只会以一种方式向你求助：哭。孩子在出生后的第一年里会经常哭，哭声是幼小的他们与大人进行接触与交流的最重要的手段。

人们在刚刚来到这个世界上的时候，首先感到的便是害怕、饥饿和寒冷。世界对于新生儿来说是一个陌生的地方，需要时间去适应并逐步找到安全感。新手父母在突然面对脆弱无助和哭泣不停的婴儿时总会感到手足无措。这时，如果你总是能够及时满足孩子的需求，就可以为良好的亲子关系打下基础。你在很多时候会感到疲惫不堪，但所有的安抚和充满爱的呢喃都意义重大，它们都是在孩子需要你的时候对他们的回答："我在这里。"这个阶段的每一分钟都是有意义的投入。

不久前，一对夫妇来到我的诊所。他们正在等待第一个孩子的到来，心中充满疑惑。孩子在几个月后就要出生，他们对这个即将到来的小生命感到陌生，尤其是父亲。这实际上并不难理解：只要孩子还没来到这个世上，他就是不存在的。谈话结束时，这对夫妇终于摆脱了迷茫。准爸爸意识到他们即将面对的事情十分艰辛，提问的声音明显带着担忧："我该怎么办？我能起到什么样的作用呢？""实际上很简单。"我说，"向孩子保证，

<u>如果你每天都能向孩子发出信号，表达你对他（她）的出生感到高兴，你们的情感纽带就会因为信任而变得更加强韧。</u>

♥

你就在他的身边陪伴着他（她），让他（她）相信待在你身边会很安全、很幸福。新生儿需要很多很多的亲密感、舒适感。你可以准备摇篮和各种婴儿小玩具，准备唱歌给他（她）听。当孩子需要你的时候，你要及时知道，并及时回应。"

他坐得更直了，微笑着说："我能做到。"

孩子需要从第一天起就从父母这里获得舒适感和亲密关系，这一点尤为重要。要为不停啼哭的孩子提供合适的帮助，比如拥抱和抚摸，轻拍和安慰，给他提供一个可以舒服地哭泣的地方，比如大人温暖的脖子或强壮的臂膀。这些都是建立良好亲子关系的方式，帮助你成为孩子坚实的依靠。

2. 打造新的家庭

建立亲子纽带的第二部分，是让孩子感受到自己已经属于这个家，并和别的家庭成员一起组成"我们"。孩子喜欢生活在一个温暖的家庭之中，要给孩子发送小小的信号，让他（她）明白自己是家庭的一部分。

孩子需要各种平时会固定使用的东西：蓝色的盘子、舒适的毯子、可爱的旧玩具。孩子到了 1 岁时，会观察并且十分在意你在家里为他（她）做了些什么，比如，你是否将家里的地面收拾平整，让他（她）畅通无阻；是否将整个家都打造成让他（她）有归属感的样子。所以儿童游戏不应局限在孩子自己的房间里，只要有你陪伴，孩子可以在家里的任何地方玩耍。

当然方法也很重要。孩子需要感知家庭的属性：有些事情是个体的独唱，另外一些事情则是所有人一起合奏的旋律。一个家庭拥有自己每天例行的事务，比如一起吃饭，上床睡觉之前读一本书。当孩子能按照熟悉的节奏与父母一起生活时，他们会感到舒适自在。

我给出的建议非常简单：在接下来的几年里，每当孩子踏入房间时，都用饱满的热情和关爱去迎接他。这就是你建立亲子纽带，把家打造成"我们"的过程。

> 也有一些孩子不喜欢大人靠近，不想被安抚，会转身离开父母，但这并不意味着他们可以独自应付一些事情。请继续尝试碰触他们，比如轻轻揉搓他们的小手和小脚。你不能为了保证孩子的安全而强迫他们变得畏首畏尾，但放任他们自己滑倒绝不是一个好的解决方法。

孩子的圈子随着成长不断扩大：有充当照顾者角色的祖父母或父母的好朋友，有在幼儿园中认识的新老师和同学……每进入一个新的环境，孩子们都需要依靠一些熟悉的小元素找到归属感：壁橱里的杯子，熟悉的游戏，认识的大人给予的迎接或引导。孩子熟悉的这些小东西可以帮助他们顺利融入新圈子中。

无论你的家庭包含多少家庭成员，每一个成员都在"我们"这个小集体里有自己特定的位置。每个家庭的情况都有所不同，所以你如何组织家庭生活并不太要紧，对于孩子来说最重要的是"这里是我家"。

3. 观察，并给感受留出空间

接纳孩子的所有感受，并了解它们形成的原因。无论遇到什么情况，都应该认真地理解孩子，让孩子感觉自己被正确地理解和对待。孩子年龄越大，对家长的期望就越高，当你的精力总是集中在新生儿身上时，也要耐心地与家里的另一个 2 岁的孩子解释你为什么需要一直抱着并安抚小婴儿。

可能某一天，孩子会突然因为某件在你看来毫不重要的小事上崩溃绝望。比如，你答应了自己 1 岁半的孩子，会步行去幼儿园接他，但后来你因为某些事不得不乘车去，孩子就会感到非常失望。在这种情况下，父母的反应通常是："这种小事没什么好失望的！"孩子的行为看似荒谬，所以父母做出这种反应很正常，但这却使孩子觉得自己犯了错，或觉得自己很愚蠢。如果你说:"哦,你认为我应该走路来吗?是的,这样做更好,但我今天没有足够的时间。"如果你能这样说,就说明你认真考虑了孩子的处境,理解了他的感受,并给他留出了空间,这是你向孩子传达肯定和鼓励的一种很好的方法。

孩子出生后的头两年总会充满各种愤怒、喜悦、绝望和喜爱这些强烈而原始的情感。让孩子相信他所有的感受都会被关注,他随时可以向你寻求帮助。父母有责任帮助孩子表达他们的感受,逐步引导他们从强烈的感情爆发中平复下来。这无疑是一项耗时的工作,但孩子在婴幼儿时期获得的安全感越多,长大后就会越勇于公开地表达自己的情感,未来的人生也会过得更好。

为了确认并感受孩子的需要,你必须调整自己的频率,与孩子保持同步,告诉孩子,你理解他(她)的感受,会设法帮助他(她)。这听上去很简单,但实施起来却颇费力气,你可以用这种方式向孩子发出信号:"你在做的事情,你的样子,我都看在眼里,一切都很好,我在这里,会一直陪着你。"

这也是你可以为另一个人做得最美好的事,无论对方是成年人还是新生儿。这会让孩子觉得自己的整个童年都是充实和幸福的。

第二个与孩子接触的人

如果你的家庭结构是"父亲+母亲+孩子",那么每个大人

孩子需要你，也需要确信父母可以在第一时间了解自己的需求并及时提供帮助。

♥

都必须与孩子建立起这种纽带。父母与孩子建立纽带的过程往往不是同步的，而是其中一人先与孩子接触，给予孩子所需的爱。我曾经与一个男孩的父亲交谈，他的儿子已经几个月大，但他却总感到自己被孩子拒绝。他说："他不想和我在一起，我也接受了这种状态。"我回答他："这样不好，会使责任都落到母亲肩上，损害父子关系。"

在育儿这件事上，父亲经常排在第二位，因为他们不能母乳喂养孩子。一个半岁的男孩在亲吻母亲时总会将父亲推开，因为他希望母亲只属于自己，并独自感受这段最好的亲密时光。但其实几年以后，儿子8岁左右的时候，会开始产生男性的特征，这时爸爸对他来说才是最高大的那一个。

孩子在不同阶段有不同的需求，但这并不意味着你们就可以轮流坐下来休息了，孩子需要父母双方的爱。父母之间的平等并不意味着两人必须与孩子有相同的关系，而是要分别与孩子建立亲子纽带，以各自的方式给孩子提供安全感。

有些父亲需要更多时间才能学会爱孩子，让孩子逐渐喜欢、依赖自己。

我给这个父亲建议是:"在晚上多花点时间陪儿子。孩子不是在拒绝你,而是在二者之间选择了母亲,这是因为孩子有一个非常好的母亲,也代表着你有一个特别棒的妻子。"

他脸上露出了微笑,显然很喜欢这个说法。

被拒绝令人痛苦,当你觉得孩子不想与自己亲近时,很容易就会打退堂鼓,但请你付出耐心,只要这样做,你终将赢得孩子的亲近和信赖。父母双方同时给予的关爱对孩子来说是很美好的奢侈品,所以找到自己通往孩子内心的路吧。

爱需要付出

我在本书中尤其想要强调一件事:在孩子生命的头两年,请记得全家人要彼此相爱。为爱创造空间,因为一切美好的事情都基于爱。

给你和孩子之间的爱提供足够的空间,使美好的亲子纽带变得足够强韧,能够承受得住在接下来的几年里将会发生的一切。

你会与这个刚刚来到地球上的"新公民"共度美好时光,看着他(她),陪伴着他(她),和他(她)聊天,和他(她)一起玩耍,宠爱他(她),将他(她)抱在怀里轻声耳语……让爱在你们之间生根发芽,茁壮成长。

虽然听上去有些像讲大话,但从某种意义上说,我想不出更美好或更合适的语言来描述这件事。

学会听懂孩子的哭声

哭泣是小婴儿的语言,这样做没什么不对,你也并不吓人,这是他们唯一的沟通方式,在向你表达"我需要你""我很热""我饿了""我感到孤独",等等。如果婴儿哭了,就代表他(她)正在寻求外界的关注,哭泣是婴儿在表达对父母的需要,也是探索亲子纽带的一种方式。

孩子开始哭泣,并不意味着你要放下手头的一切去陪着他,但如果长时间让孩子自己待着却不陪伴和安抚他们,会让他们感受不到被重视和关注,从而产生压力,还会影响他们的健康发育。孩子用哭泣的方式寻求帮助并不是一件坏事,也不会影响他们的成长,是很正常的人类本能。一些孩子会大声哭泣,而另一些则相对安静,作为父母,你的任务是解读孩子的哭声所传递的信号,理解他们的需求,从而使他们能够及时获得所需的支持和安全感。无论孩子的哭声给你带来多大的烦恼和压力,都请不要忘记,那是孩子告诉大人"我现在需要你"的唯一方法。

我们都对孩子的哭声十分敏感,并会本能地做出反应,这种反应是大自然为人类设置的"特定程序",也是哭泣的孩子令我们感到头疼的原因。

> 每个孩子都是不同的，都是这个世界上独一无二的存在，确定孩子的类型对弄明白与他（她）建立亲子纽带的难易程度大有助益。但不要忘记，作为成年人，经营牢固的亲子关系永远是你的责任。

你们之间的纽带应该足够牢固，可以承受一切。

也许你会经历孤独无望、崩溃大哭或者疾病缠身的日子，会遭遇令人痛不欲生的失败；也许你会说出害人伤心的话来，然后追悔莫及，恨不得自己从来没有说过那些话；也许你会在辗转反侧的夜晚起身轻敲房门，祈求原谅，然后与对方和解。在未来的某一天，孩子会学会奔跑，学会骑自行车，亲吻喜欢的男孩或女孩；未来某一天，他（她）会收拾打包自己房间的东西，搬出这个家；也许还会有一天，你的孩子将把自己的新生儿抱在怀里……你需要用爱来填充家庭，花费时间和空间加深你们之间的爱，为爱欢呼，将充满爱的时光保存在生活的记忆匣子里，在灰暗的时刻打开它，回忆美好的一切。

生命的头几年是用来体会爱意的，不用过早担心其他事情，现在你就可以想一想，如何用语言为爱创造空间并好好经营它。

陪着我，抚摸我，抱着我，轻轻摇晃我，再抚摸我。

新生儿会专注地感受抚摸，这时其他感官都还没有充分感知世界的能力。

在最初的几年里，拥抱对孩子来说至关重要。他们喜欢人与人之间、皮肤与皮肤之间的亲密接触。

抚触可以给你的孩子带来安全感，促进他们的健康成长。

抚触是拉近父母与孩子之间的关系的最快途径，是为他们创造安全感的保障。

父母们最常犯的错误

0~3个月

缺乏接触。有些父母在面对陌生的新生儿时完全不知所措，在最初的几周里，他们与孩子接触甚少。这时的孩子还不会对你有目的地微笑，目光也无法聚焦，尚无法看清东西，所以此时的小婴儿特别容易受到伤害。他们不停地啼哭会令父母感到绝望，何况父母有时还需要独自一人在家里陪伴这个完全无法交流的陌生孩子度过好几个小时。如果你发现自己情绪濒临崩溃，最好放下孩子，这时候做什么都比过分触摸或摇晃小孩好。试着转移自己的注意力，找一个可以信赖的人聊聊，舒缓一下自己焦虑无助的情绪，这段艰难时光很快就会过去的。

7～12周

缺乏关注! 这时的孩子已经能够移动了,就像按下某个开关,他(她)突然就活动起来,你会发现孩子自己在感知周围的环境,并向你发出关注的需求。在孩子试图与大人建立联系的时刻,许多父母可能正忙于自己的事情,或沉浸在智能手机里无法响应。不要让孩子自己待在某个地方,要一直陪着他(她),观察他(她)的表现并与他(她)互动。儿童需要大人的共鸣来更好地发展,我到现在依然清晰地记得在哪里看到了我儿子的第一次微笑。孩子需要你积极的反应,即使是很小的孩子,也可以用属于你们自己的"语言"进行对话:孩子对着你咿咿呀呀地表达,然后你用同样的咿咿呀呀来回答。对孩子的这种表现做出回应非常重要,因为这是你们开启对话的方式,是孩子探索如何与大人建立沟通桥梁的过程,这对于人类来说是了不起的一步。

4~6个月

抑制孩子主动学习的机会。这一阶段的孩子逐渐开始获得控制权,因此为他们提供成长的机会尤为重要。在这个年龄段,孩子开始感到无聊,当然这是一件好事——他们希望得到更多。父母犯的最大错误便是把婴儿放在摇椅上或电视前太久,导致他们无法玩耍或做其他事情。孩子只有活跃起来才能更好地成长,他们需要伸展、转身、试着站起来或四处爬行。孩子向你"抗议"不让他(她)进行更广泛的活动并不代表他(她)遇到了困难,他(她)只不过在传达这个年龄段的需求。

6个月

过度保护。孩子这时正在经历快速的成长,他们总是神采奕奕、精力旺盛,开始到处爬行,尝试去各种地方,椅子、楼梯、桌子、沙发……这并不意味着孩子热爱冒险,他们只是还不懂得什么是危险。你在这个阶段很有必要让他们明白到处都存在着受伤的风险,但不要过度束缚孩子,尤其是当他们学习走路时,请允许孩子跌倒。虽然他们的腿脚还不够有力,但反复地尝试与失败是学习直立行走的唯一途径,不要太过担心。在这个阶段过度保护他们反而会抑制他们成长。

12 个月

不放开孩子。认识新面孔并与之相处,是孩子成长的一部分,但这件事发生的时间和程度在各个家庭和社会的各个群体之间都有所不同。必须让孩子逐渐走出家庭,安全地融入家庭以外的生活,这是人生的必经之路。让孩子去适应其他成年人,比如保姆、保育员、幼儿园的工作人员。慢慢帮助孩子与其他人进行接触,还要给孩子一个明确的信号——你将他们交给另一个值得信赖的成年人是安全的。不要对孩子解释太多,比如强调那些人不是妈妈爸爸,这样做只会起反作用,因为孩子总想和你待在一起,在他们的心目中,只有在你的身边才是最安全的。孩子需要在父母的帮助下明白这个世界上还有很多与他们有关的人,他们可以与这些人愉快相处。

放开孩子这一步对很多父母来说都十分艰难,因为孩子会感到痛苦和恐惧,但必须让他们勇敢地走下去。

18 个月

不和孩子说话。这个年龄的孩子虽然还不会说太多话，但他们已经把日常听到的那些语言都吸收进大脑了，语言在他们的大脑中不断聚集并逐渐发展成熟，即使孩子这时还不会对话，也要用语言多和他们交流，孩子的能量超乎你的想象。你在旅途之中可以找一个话题跟他聊聊：谈谈看到的建筑、树木、月亮和出租车，谈谈商店、水流、摩天大楼和海鸥。引导孩子把他们看到的东西指给你看，跟随他们的节奏，进入小家伙刚刚开启的语言世界。这是孩子最初的语言启蒙，要慢慢地、温柔地进行。

陪伴孩子，参与他们经历的各种日常，把自己当作传授语言的人，向他们展示这个世界的多姿多彩。不要将婴儿车停在挖掘机前让孩子自己看，要弯下腰来陪着孩子一起看，还要告诉他们这台神奇的机器运转起来有多棒。成年人在遇到自己不感兴趣的东西时会迅速转身离开，但孩子却会与你一起观察这些事物并探讨，通过这种方式，孩子可以获得新的知识。

24 个月

期望太高。2 岁的孩子已经可以表现得很棒了！他们四处乱跑，发现更多有趣的东西，他们总是很开心、很兴奋，还能说出长长的句子。小家伙们已经取得很大的进步，以至于我们不自觉地提高了自己的心理预期，错误地认为孩子大有作为，但这种预期已经超出了他们实际的水平。大人总觉得孩子能够理解很多事情，应该懂得分享，应该听大人的话，按照父母的指示做事，我们甚至以为这时的孩子能知道大人耐心的底线，但实际上，他们仍然活在自己的世界中，父母也应该允许他们沉浸在自己的世界中。

这时你要有耐心，要对孩子保持好奇心，享受孩子快速成长带给你的快乐，但也不要忘记，2 岁的宝宝还只是个很幼小的孩子。在这个阶段，你无须在教育上花费太多时间，而应当给孩子更多的爱，并且尽一切可能，以最佳方式帮助他们解决遇到的各种问题。

积极的误判

你是那种认为孩子特别棒、特别与众不同的父母吗？你是否认为自己的孩子比别人家孩子更有才华、更有能力或者更漂亮？

如果是，那么你就属于千千万万有同样想法的家长中的一员。但请别误会，你的这种坚信自己的孩子是最好的信念是绝对正确的。

在我的专业（心理学）领域，这被称为"积极的误判"：父母总觉得自己的孩子最棒，以至于令周围的人为此大翻白眼。而这种看似盲目的信心实际上正是大自然的恩赐，它使我们能够更好地鼓励自己的孩子。积极的误判会令孩子感受到深深的关注和肯定，感受到他们与父母之间紧密的纽带，它就像在苗圃里面照耀幼苗的植物灯，在它的光线下，我们可以更加清晰地观察到孩子的那些生动的行为。我们毫无保留的热情就像光线一样，让我们的孩子可以更好、更快地成长。这就是孩子成长的方式，帮助他们建立起自信，觉得自己特别棒且无所不能。

当植物最终成长得足够强壮，不再需要特殊护理时，它们将被移植到阳光下，进入真实世界，并在其中自由生长。

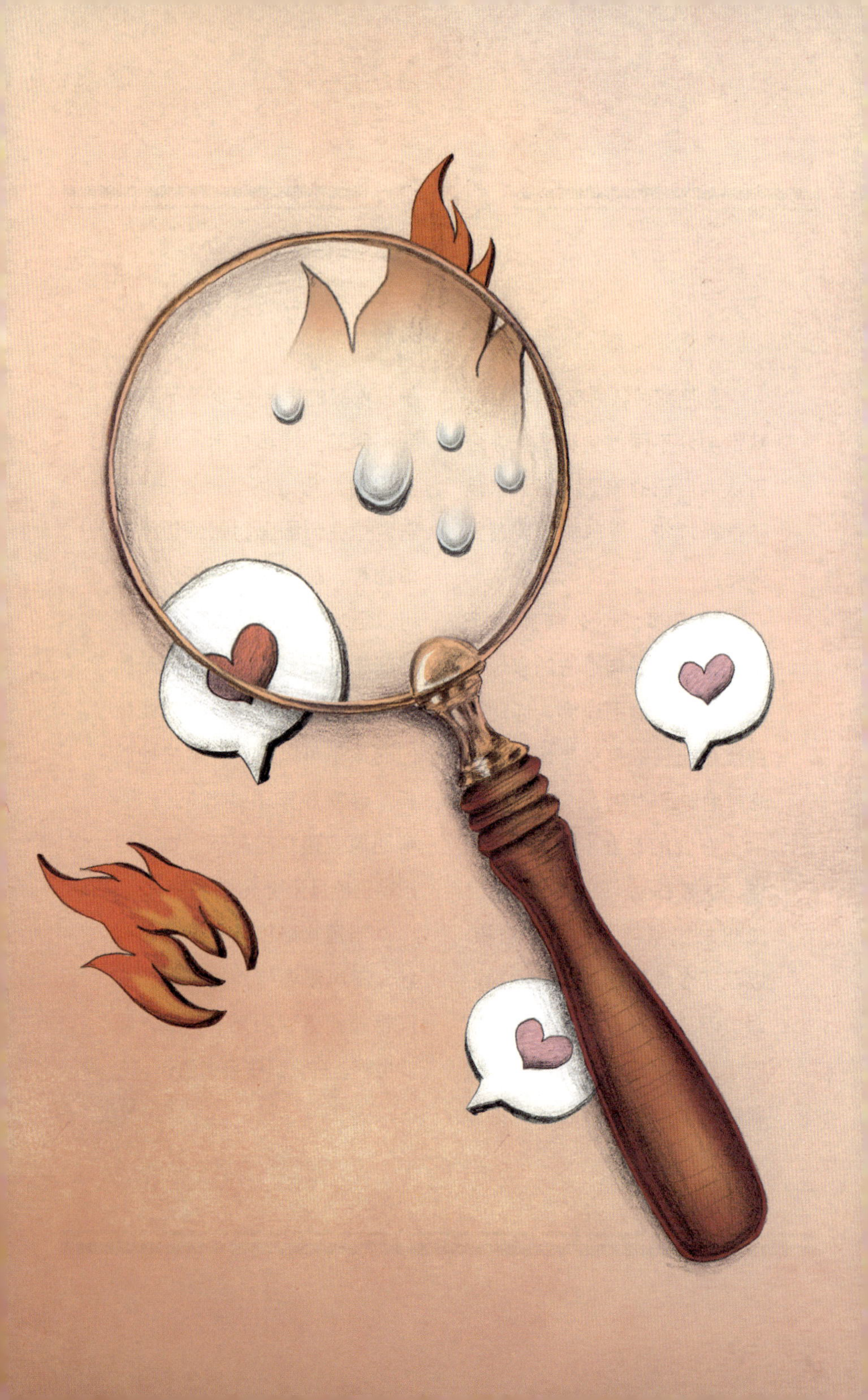

第二步

理解孩子的重要感受

人们很容易就会高估孩子。当孩子开始慢慢学会走路、说话时,他们在我们眼里就像是个完美的小人儿,但这是一种假象。

我总抓住一切机会告诉父母,不要对那么小的孩子期望过高,仅仅 2 岁的孩子,我们不能要求他们为了做到某件事而团结其他人,也不应该认为他们必须与他人和平共处,他们还没有端坐在桌子旁的能力,也不知道在马路上行走是充满危险的,他们的大脑还没有准备好。

2 岁的孩子正在经历那些深刻而纯粹的情感:恐惧、喜悦、愤怒、爱,这些简单的情感对于他们来说相对容易处理,但羞耻、责任或自尊之类的次生情感要在几年之后才会出现。

孩子在他们的头 24 个月里还无法思考自己的行为,他们既无法衡量后果,也无法计划未来。请相信我,你的孩子肯定时常感到绝望,他们遇到的困难比你想象的更大。

所以你在这一时期的任务是要有耐心,允许孩子表达所有的情感，然后一步步地用正面的方式教会孩子理解自己的各种经历。

这是你为孩子的未来赠送的最好的礼物。

让婴儿平静下来

在我的孩子还很小的时候，我总希望他能平静下来，这样我就可以一边抱着他温柔地摇摆，一边轻声细语地与他交流，这是每一个父母都曾有过的经历。适应婴儿的节奏，跟随他（她）的直觉，去了解这个小动物，并且与他（她）融合在一起。

在不久的将来，孩子的语言能力将得到飞速的发展，他（她）会发生很多变化，但你和孩子依然生活在自己温馨的小世界里，不需要用过多的言语来形容这种关系。

你无法要求婴幼儿控制自己，也不能把他（她）捆绑起来，这些简单粗暴的方法是行不通的。

♥

大脑是一个建筑工地

我相信，父母越理解孩子头脑里的想法，就越能够更好地应对日常生活的挑战。低龄儿童还不能在感情和思想之间建立联系，他们的大脑就犹如一片建筑工地，而且还只处于起步阶段。因此，你无法要求幼儿考虑做一件事的后果，你不能对1岁半的孩子说："我告诉过你不要靠近火炉！"父母应该做的是尽可能地确保房屋的安全，避免孩子陷入危险之中。你可别指望通过告诉他们"别玩手机"让他们远离手机，他们甚至很快就会忘记你因为某个事情发过火。告诉这么小的孩子"不必害怕""你必须明白""这不重要""要和别人齐心协力"都是没用的。

如果你在成年后遭遇强烈的情绪变化（例如愤怒），请尝试寻找愤怒的来源，并思考如何恰当地表达这种情绪。成年人总会在情绪即将爆发的中途控制住自己，但年幼的孩子可不会控制自己强烈的情绪，千万别指望一个2岁的孩子能够以大人可以接受的方式表达他的愤怒。

我们一直对孩子抱有不切实际的幻想，因此必须时刻互相

> 我们为什么会在孩子受伤时对着伤口吹气呢？这是在告诉孩子，你很担心他（她），你可以与他（她）共情。这种共情是表达对孩子的关心和疼爱的一种方式，与孩子建立联结，孩子也会由此学到陪伴的意义。毕竟在有人关心自己的时候，疼痛会变得没那么难以忍受，孩子的手指被夹时也可以使用这种方法。

提醒，对婴幼儿的高估是父母们在育儿路上会遇到的陷阱。

倾听孩子的声音

我的一位朋友住在城市里最常见的新式公寓楼中。我之前去拜访他的时候，他11个月大的女儿正坐在地板上哭泣。他说："别理她，她只是在捉弄我。"他认为小女孩不可能因为饿了才哭泣，她只是想要通过哭泣来引起大人注意。

许多父母会如此解释孩子的哭闹行为，总认为孩子太麻烦，甚至不可理喻。"他只是想玩""只是想做某件事""只是想招惹大人"。成年人总觉得孩子爱惹事是因为想跟大人对着干，并用愤怒来进行回应。

对于这种情况，我非常清楚并可以肯定地告诉你：孩子时不时地哭闹并不是为了挑战家长，而是因为感到了疲倦、饥饿、腹痛，或想要寻求大人的安抚等。

怀有"你这样做只会惹恼我"的想法会使你无法倾听孩子的声音。当1岁半的女儿抓起一个蛋黄，像扔网球一样把它扔在桌子上时，你告诉她："别这样做！"但此时小家伙发现这事太有趣了，完全停不下来，这种情况的可能性几乎是百分百。你应该尽量不去认为"她正在挑战大人的底线"，尽可能避免把女儿放在自己的对立面，你可以采取更好的方法来帮助她：放松心情，将自己带入孩子的视角，观察那个看起来像网球似的的蛋黄多么有趣。如果和孩子一起玩蛋黄对你来说太脏或者太麻烦，可以试着用这种方式来取得主动权："嗯！这确实很有趣，但现在我们要换另一个球来做这个游戏啦！"

许多父母在面对孩子的哭闹时会变成阴谋论者，但我从未见过一个2岁的孩子为了对抗父母而故意耍花招。其实这只是孩子自己的事，他们只是单纯地想做自己一直惦记着的趣事，或者想要吸引父母看他或陪他一起做。这正是孩子在被打断因而大发脾气时想要告诉你的："我对这个东西感到好奇，我想更仔细地探索一下，这太有趣了，令人兴奋。"

这个年龄的孩子还不能学习所有的东西，但来日方长，现在把自己当成孩子的玩伴吧，这样你们双方都会感到更加轻松愉快。

将语言和感受联结起来

孩子的语言能力会飞速发展，他们从最初只会说几个词到积累越来越多的词，然后开始学会说句子，再然后他就会用语言组织一个完整的小故事了。语言很重要，因为它是将人们的内在感受与外界联系起来的桥梁。

语言和感受之间的关联对孩子来说至关重要，他们期待父母能够理解自己内心深处的那些大大小小的情绪，帮他们应对它们。孩子从一出生起就喜欢向你表达他（她）的感受，虽然他们还不会说话,所以父母应该养成及时对孩子的感受做出反应的习惯。"你累了吗?我知道了,我们上床睡觉吧!""你现在想玩什么?你期待新的一天吗?我也要起床了,然后我们就可以一起做些有趣的事情啦!"将语言和感受联结起来,告诉孩子你可以理解他的感受,能帮他(她)了解周围的事物。在与孩子交流时,你也可以不局限于简单的话语,而是把面部表情、声音和肢体语言都当作辅助,这样孩子会更容易理解你的意思,也更容易与你建立亲密的联系。

与孩子一起,谈谈面对这些事的想法和感受,让孩子明白父母能够与他共情,且当他(她)需要帮助时父母总会在他(她)身边:"你感到害怕吗?我知道这让你不开心,但是它会过去的。你看,这件事其实没有那么可怕。"

确信自己永远都会被父母理解和接纳,这将为孩子的人生树立自信。

孩子在整个童年时期都要依靠成年人的帮助来理解和面对世界。从现在开始,孩子会在你的帮助下逐渐找到这些问题的

孩子需要成年人的理解才会感到舒适,才会对未来充满希望。他现在跌倒时会感到痛,多年后,他在受伤时依然会感到痛,比如错爱了某人,或错信了某人。

这不是哭的理由！

也许你自己这样表达过，也许你多次听到其他父母这样说："不要这样。你没理由哭！"然后还要再补充几句："你是个大孩子了，不要像小婴儿一样哭个没完！"

孩子特别小的时候，你会看到他出于各种原因哭泣，那些原因在我们看来简直不可理喻：冰块掉在地上，玩具被遗忘在车上，一根木棍在操场上丢失……都是一些微不足道的小事。

孩子什么时候才能明白没必要为这些小事哭泣呢？要知道，人生还会面对不少严重得多的问题。

答案是，这得等到他们十几岁的时候。在那之前，即使是一件小小的事情，对孩子来说也是非常重大的，原因很简单：孩子的生活范围很小，而这些小事就是他们的全部。孩子依靠大人的理解和帮助来面对自己遇到的各种事情，你可以根据孩子的成长水平，以不同的方式来帮助他们，但千万不要让他们认为自己是错误的或者幼稚的。

如果你告诉孩子哭泣是错误的，或者他（她）的行为是幼稚和愚蠢的，那么孩子就会获得这样的信息："妈妈认为我很愚蠢。"这会令孩子感到孤

独，毕竟没有谁会愿意亲近一个觉得自己弱小愚蠢的人。

那些让孩子觉得自己愚蠢的父母，会逐渐失去孩子的信任。

如果孩子哭了，就表明他现在很难过，无论他（她）是否有说得过去的理由。

对于一个2岁的幼儿，你这样说会令他们好受："木棍在操场丢了，这令你很难过，我知道了，但木棍在操场上也会很好，我们明天可以再去跟它打招呼，想一想到时候你要对它说什么吧。"

通过这种方式将自己的感受与孩子现阶段的想法建立起联系，用理解和共情的方式告诉孩子，生活还在继续，一切都很好。

答案：自己是谁，谁可以信任，谁可以成为朋友，应该爱谁。如果有一天他们问自己："我还好吗？"或："我可爱吗？"童年时良好的亲子关系将帮他们找到答案。

"你必须学会分享！"

在孩子出生后的头 24 个月里，父母必须学会的一件事便是对孩子树立正确合理的期望。我在公寓附近的游乐场上经常会看到这样的事：当孩子拿起自己的玩具宣示主权，或者推开妨碍自己玩耍的小伙伴时，父母会告诉他们"你必须学会分享"，这往往会使孩子觉得很不舒服。成年人会觉得，有礼貌并且顾

---

1 岁的孩子可以玩食物吗？

教育 1 岁的孩子"不要玩食物"毫无意义，因为他们大脑的发育水平还无法理解为什么不能玩食物。你应该允许 1 岁的孩子玩食物，他们需要触摸，感觉食物的稠度和重量，体验将食物扔在地板上或涂抹在桌子上的感觉，这都是学习。所以干脆准备一些能让孩子玩耍的食物吧！这会使吃饭变得更加和谐。

孩子通过观察大人学习在餐桌前该如何表现，这是一件顺其自然的事情。

及他人的感受是一件很重要的事，但 1 岁半的孩子无法理解分享的意义，他们只是简单地想要一个特定的小铲子或小玩偶，所以你应该安慰哭泣的孩子并帮他找到另一个可以替代的玩具。不要期望孩子们自己解决这种冲突，他们在这种情况下需要大人的引导和帮助。

恐惧感

另外，你总是喝止孩子做自己想做的事情会引发孩子的恐惧感，恐惧在短期内可以发挥作用，但从长远来看，这样做却具有毁灭性的影响。当孩子总被喝止时，他们会认为自己很糟糕，这会破坏他们对自己的价值的认同。

有很多方法可以引导孩子去做正确的事，但这些引导只有在他们 3~4 岁的时候才能发挥更大的作用。

请放松自己的心情，降低对孩子的期望，如果 20 个月大的孩子不能正确握笔，这仅仅是因为他们从生理上做不到这件事，而不会影响他们未来成为著名艺术家的可能。

有一位父亲，总对自己的女儿拿起画笔就用力按压感到绝望，他觉得孩子不懂得爱护物品。"也许她是那种不在乎任何人或任何事物的孩子。"这位父亲说。我微笑着向他解释，2 岁的孩子还不懂得谨慎对待物品，就这么简单。确实有些孩子会比别的孩子更小心一点，但从本质上说，这么小的孩子都还是探索者，他们完全按照自己的意愿做事：他们正在对自己出生后看到的这个奇妙的世界进行探索。

先接受一切，再设法处理

对于养育孩子过程中的事，需要先了解，后解决。如果孩子发脾气并影响到了你，那么你就要先搞清楚他们为什么发脾气，只有这样才能正确地解决问题。作为一个成年人，要先全部接受孩子的情绪，这是解决问题的第一步。"我看到了，我明白你觉得这双鞋子更漂亮。"然后进行第二步，带领孩子走出困境，让他们冷静下来，做一些可以转移注意力的事情，或者微笑着对他们说："但是今天外面太湿了，会弄脏这双漂亮的鞋子，我们不如穿上雨靴去泥泞的水坑里踩踩？"

你应该接受一切，但随后也要处理问题。

在未来的几年中，你将不得不花费大量时间来回应孩子的感受。如果孩子可以在 2 岁左右说话，那么这件事会变得容易一些，但你仍然需要自己去感受到底发生了什么，并想办法根据孩子现有的经验为他们提供帮助。你需要采取以下两个步骤。

如果孩子正在发泄强烈的情绪，请陪着他。

> 为孩子提供一个可以在遇到困难时退缩躲避的地方，这是成年人可以为他们做的最重要的事情。知道在哪里能找到安慰的孩子都很勇敢。

1. 感受并表现出理解

你一定会发现，对于幼小的孩子来说，父母理解他们并帮他们解释清楚自己的感受是非常重要的。无论这个过程是否包含语言，孩子都需要感受到大人的理解，这会增进亲子关系。每个人都觉得被人理解是一件很好的事，如果1岁半的孩子听到你说："你撞到头了吗？哎呀，这很疼。"他会觉得自己被理解了。去了解孩子的感受，帮他们说出想要表达的语言，这能帮助孩子更好地探索这个世界中的那些更深层次的感受。当成年人以开放、冷静和理解的方式去处理情感问题时，孩子总会受益颇多。

2. 继续帮助孩子

当理解孩子的感受并帮他们表达出来之后，就可以设法帮助他们了："这很痛，但是现在有没有感觉好一些了？我们去玩小火车吧！"

要提醒孩子，生活还在继续。

语言的发展在这种情况下起着重要的作用：当孩子再长大

> 你终将花费大量时间教会孩子处理愤怒、恐惧等感受。那些学会用语言来准确表达自己的经历并正确理解自己感受的孩子，未来会在成人世界中生活得更好，他们会更加善于和自己好好相处。

一些时，你可以与他们谈谈事情发展的前因后果，试着告诉他们，在与人相处的时候，分享是美好且有益的；告诉他们每个人都会犯错，但宽恕是有意义的……当然这些都是后话了，现在的你需要按照与 2 岁以下的孩子相处的方式来安慰并帮助他们。

如何安慰不同年龄段的孩子

所有孩子都需要成年人安慰和支持他们，帮助他们解决大大小小的问题。他们从很小的时候就需要寻求安全感和信任感，从而相信："我在这里会很好。"父母此时的目标是给孩子足够的安全感，让他们相信随时可以找到你，那可是童年最重要的事情之一，是亲子纽带的核心。如果你的孩子无比确定在某个地方总能得到坚实的安慰和支持，那么作为父母，你就已经为亲子关系打下了非常好的基础。请安慰孩子，拥抱他们，从一开始就给他们提供安全感和镇静下来的力量。随着孩子年龄的不断增长，你采用的方式将有所变化，但你始终都要为此付出努力。

从出生到 8 周

可以说所有孩子都是早产儿，因为他们刚出生时都尚未发育完全，在头 6~8 周内，他们除了睡觉和亲密接触外什么都不需要，这时对他们最好的安慰就是时刻陪伴。这件事实在没有更轻松的解决办法，所以在这个阶段，你应该习惯与婴儿时刻待在一起的事实，尽量找到昼夜节律，并且适应他们的节奏，如果再有一个能让孩子平静下来的办法就更好了。

8 周～4 个月

孩子在 8 周后会逐渐将注意力转移到外界，开始与大人有眼神交流，你已经可以看到宝贝的第一个小小的微笑。当孩子第一次微笑时，你可能会觉得那就是一个怪异的小鬼脸，但这是了解孩子的重要一步。你在这时可以更轻松地发现他喜欢的东西，知道什么样的声音和动作能更好地安慰他们。一些孩子会在这个阶段开始使用奶嘴，你现在也可以更好地识别孩子何时需要它。

4～8个月

在大约 4 个月大的时候,孩子开始伸手去拿自己想要的东西,他们通过触摸这些东西来探索世界。如果孩子对周围的东西感兴趣,那么陪伴他们会变得更轻松。这个阶段的宝宝对可爱的玩具和毯子等物品充满热情,会去抓握住它们,然后放开,如此重复。虽然你已经知道孩子喜欢的大多数东西,但是这么大的宝宝已经开始产生控制权,会自己选择玩具。你与孩子的交流越来越多,孩子也在这种交流中发挥越来越大的作用。

8～15个月

这个阶段的孩子在需要安抚时会找你,在感到不安全时或受伤后也会找你,这是一个好兆头,这些行为可以为你的育儿工作提供支持。始终给孩子创造一个充满安全感的环境,提供张开双臂的拥抱,说充满爱的温柔言语,这些都是必要的,你可以用双手抚摸他的头发,在他们有伤痛时轻轻给他们吹气,帮他们减轻疼痛。

15～24 个月

此时语言已经可以在你的育儿工作中帮上大忙了。你在安慰孩子时可以与他（她）交谈，用带有安抚和治愈作用的话语告诉他（她）如何表达难过，告诉他（她）你会一直陪伴他。保持身体接触，在孩子需要安慰的时候始终与他（她）坐在一起，从视线上与孩子齐平，不要俯视他们。如果你正在忙碌，要告诉孩子马上就来，让他们感觉到自己始终被关注，任何时候都没有被忽略。

这个年龄段的有些孩子会在难过的时候退缩，躲到角落里或桌子下面。请务必记得，躲藏的孩子特别需要安慰，要让他（她）知道你已经注意到了他（她）的状况，并且陪他（她）待在一起。孩子在寻找你之前先藏到一个地方休息缓冲一下是完全没问题的，但你要在这之后给他（她）身体上的碰触，对他（她）说出理解的话语。

看到孩子从伤心中缓过来了，也请别忘记说："好了吗？你真棒！"

我的孩子在什么时候做什么事情呢？

确切地说，孩子在特定年龄阶段做的事情取决于每个孩子个体的发育特点及家人所能提供的支持。有些孩子在各种行动上都会比同龄孩子迟一些，但这并不能说明他们在未来的人生中也会如此。

婴儿的发育从上到下，由内而外。肌肉的发育从可以支撑头部，发展到能够控制胸部和手臂，最后是能控制手和手指。下半身同理，先控制臀部和大腿，然后才是腿和脚。

6周大的婴儿通常可以自己抬头；3个月左右开始朝一侧翻身；7个月大的孩子可以自己坐起来，可以爬行；11个月大的孩子可以自己站起来，不久之后便能迈出自己的第一步。但是从这些单独的里程碑来说（孩子获得的对身体部位每个的控制能力都是重大的进步），每个孩子的发展程度都存在很大差异。比如，孩子平均开始爬行的月龄为7个月，但90%的孩子在5~11个月获得这项移动能力。无论早晚，都与孩子未来在学校足球队里的表现毫无关联，也跟他们未来能交到哪种朋友或者养成哪种性格毫无关联，简而言之：这种差异并没有意义。每个孩子都可以按照自己的速度，在准备就绪且条件成熟的时候一个个完成这

些步骤。

婴儿的精细运动能力也在发展，他们在新生儿时期就会尝试着用小手笨拙地去够一些东西，但最初总会失败。从3个月大起，他们开始尝试用手去拿让自己感兴趣的东西，慢慢地，孩子拿东西会越来越轻松，他们的握力和抓握的精确度也都在不断提升，在一年的时间里就可以熟练掌握手臂上这双"小钳子"的使用方法。他们开始对各种可以抓起来的小东西产生浓厚兴趣，研究它们，把它们放到嘴巴里。因此，有这个年龄段的孩子的父母要特别注意，不要让孩子拿到可能误吞的东西，比如花生米或小块的乐高积木。

等到孩子2岁，他们的握力已经非常发达，可以用手堆叠积木或使用较粗的铅笔涂画。

父母有责任与孩子一起探索世界，沿着孩子运动技能的发展路线，同他们一起享受每个新的里程碑，确保他们的发展过程和谐安全，给孩子提供动力，鼓励他们尝试新事物。这个时期的发展建立在孩子自身的生长发育水平与外界的条件之间的相互作用上，对于前者，我们需要付出耐心；对于后者，我们可以创造条件。

我的孩子有什么问题吗？

一般来说，父母如果发现婴幼儿发育迟缓，一定会感到很不放心，毕竟孩子的生长发育是个复杂且涉及方方面面的过程。但对于2岁以内孩子的家长，我给出的最好建议就是："放松、等待、再看看。"但是，如果你总觉得出了问题，或者觉得孩子不是简单的发育迟缓，就要及时找医生进行咨询，做进一步的检查。

在这种情况下，父母不应该独自面对这份担心和焦虑，要把它交给医生或者专业人士来处理。

漫长的旅程

新生儿姿态
（0 个月）

抬头
（1～3 个月）

朝一个方向翻身
（2～5 个月）

独自坐起
（5～9 个月）

扶物站立
（5～10 个月）

爬行
（7～12 个月）

扶物行走
（7～13 个月）

独自站稳
（10～14 个月）

独自行走
（11～15 个月）

这就是大多数孩子的成长方式。有些孩子快一些，有些孩子慢一些，都没有关系，他们最终都会达到大体相同的发展程度。

第三步

反思自己的反应模式

我们在成为父母之后都会重新审视自己,看着镜子里的自己询问:"我想成为什么样的人?"成为父母的意义不仅是与一个新的生命相遇,还意味着要反思自己的童年,重新展望自己今后的人生。童年就像一件笼罩你一生的隐形外套,对有些人来说,童年是沉重的负担;对另一些人来说,童年是治愈的良药。我们所有人在生活中都会遇到失望和挫折,各种各样的经历都会对我们产生影响。绝对理想的童年是不存在的,发生在我们身上的一切都会留下印记——由此每个人都为自己打造了一套本能的反应模式,我们可以轻松地在这种模式下生活。

大多数时候,我们自然地使用自己的反应模式,并对此感到习以为常,常常以"我就是这样"来回应孩子,然而,这并不意味着这些模式一定是有益的。

我们的反应模式控制着我们的行为,但它也可以被改变,请尝试了解并反思自己是如何成为今天的自己的,并思考如何改变。你要有勇气去面对并改变自己,这是成为自己理想中的父母的唯一途径。

相信我,如果你能客观地看待自己,就能为自己和孩子的生活带来巨大的改变。

你的反应模式是什么样的?

娜塔莉成长于一个问题家庭中,她的母亲酗酒,娜塔莉很早就学会了应对各种有威胁的情况。她来找我的时候只有13岁,我还记得她那件粉红色的厚羊毛毛衣,她有一头深色卷发,表情坚定而友善。在她童年的生活里,她只要在晚上嗅到空气中有一丝丝危险的味道,就会马上躲开,这种本能挽救了她,帮她逃离失控的状况。

这是我们从小就学到的本能反应模式,就像刻在我们大脑中的缩写字母。当我们想要逃避生活中的不愉快时,便会毫不犹豫地启动这些模式。它们救了我们很多次,对我们来说似乎再正常不过。我们一旦突然面对一种令自己不知所措的感受,就会本能地开启自己固定的反应模式,有些人会愤怒或恐惧,另一些人则像娜塔莉一样会退缩或逃避。

这些生存策略对你的童年有益,却很可能对你的亲子关系产生反作用。娜塔莉承受住了生活中的各种不如意,最终成长为一个健康的成年人,找到自己的伴侣,还就职于该市最好的律师事务所之一。但她后来成了母亲,在遇到育儿中的各种难题时,她也本能地只想逃离,那些曾经发挥重大作用的反应模式,突然之间变得完全不合适了:孩子需要她——她不能一味退缩,而要时刻坚强地回应那个小婴儿。

许多人,尤其是那些童年时期过得不如意的人,都会对娜塔莉的这种经历深感共鸣——从小就一直使用的快速反应模式在自己成为父母之后却丧失了作用,无法再给自己提供保护和帮助。

我们的本能反应模式通常十分强大,极大地影响着我们的行为,但它们也可以被改变。以下两点可以为你提供帮助。

1. 感知正在发生的事情

首先,留意自己在什么时候会遇到这种情况,从而在相同情况再次发生时深呼吸,停顿一下,提醒自己:"嗯,这是我的本能反应。"然后问自己:"我希望成为这样的父母吗?我愿意让孩子看到这样的自己吗?"

我坚信,你的每一次修正都将意义非凡,避免将负面经历传递给孩子,保护他们免受父母仓促间的本能反应的不良影响。

2. 反思

请好好询问自己两个问题:"我为什么会有这样的反应?""这种情况下我是不是还能做得更好?"去理解自己的生

> 养育孩子是一个重生的机会，可以让你重温、留下童年时期的美好回忆，并将那些阴暗的东西抛在脑后。

活，回忆自己的历史，面对自己曾经受到的伤害，反思自己的反应模式来自何处，这样做，你一定可以摆脱它们。如果能搞清楚自己为什么会以这种方式做出反应，再次陷入本能反应的可能性就会降低。经常问自己"我是怎么变成这个样子的"和"我怎样才能做得更好"，孩子就是你的治疗师，及时调整生存策略，你和孩子都将受益。

我们的父母

我们都是父母的孩子，我们的大多数是非观念都是从自己的原生家庭中习得的，有人会说"我是我父亲的翻版"或"我发现自己越来越像我母亲了"。父母改变了我们的一生——当我们自己成为父母时，对这点体会得尤其强烈。但是，自己很像父母这一事实并不意味着你就是自己的父亲或母亲，你既不需要复制父亲的暴脾气，也不需要像母亲一样超脱，你就是自己。父母的声音虽然会伴随你一生，但你可以决定这些声音的音量高低。无须太过担心父母对自己的影响，你可以做与他们不同的事，成为跟他们不一样的人。

童年时期过得越艰辛，就越需要更多的支持来摆脱困境。亲密关系是唯一可以治愈艰辛童年的东西。孩子可以为你带来一段亲密关系，但请记住，不是孩子治愈你，而是这段亲密关系可以帮助你。

有了自己的孩子，就有机会摆脱旧的反应模式。

距离太近或距离太远

一位略年长的父亲最近告诉我他喜欢紧紧抱住自己的儿子，甚至让孩子有些喘不过气。在他自己的童年生活里，他的父亲对他来说遥不可及，以至于他现在特别重视与儿子的亲密关系，即使他意识到了这个原因，也很难阻止自己的这种行为。他明知道自己的这种行为对孩子不利，但他需要补偿自己童年时期的情感缺失，因此对自己和孩子间的亲密关系有更强烈的需求。我听到过许多不同版本的此类故事，我向他解释，他的这种在亲密关系上所做的努力被自己曾经的缺失和自己强烈的情感需求误导了，必须正确地认识孩子的需要，保持正确的亲子关系，无论我们有多好的意图，都应该适应孩子的需求。亲子纽带在这时发挥着至关重要的作用，不能只是单方面付出，而要允许彼此对话，给孩子提供机会，使他们能够展示他们自己对亲密

"我看见你了"

我居住的地方有各种建筑。在旧城翻新的过程中，沉在森林边缘的水底的古老房屋被拖出来，挖掘机将奥斯陆旧城的历史遗迹再次曝光在世人眼前——几千年前的船只和工具，古老的墓地和教堂。另一边，这座城市的现代城区也在如火如荼地进行着建设工作。我在想到以前的人们的生活时，也自然想到了他们与现代人的联系，他们养育和看待婴幼儿的方式也和我们十分相似，他们会轻轻拥抱在夜晚哭泣的婴孩，用柔和的声音和他们说话，或模仿孩子咿咿呀呀的声音和他们交流。

对于局外人来说，成年人学婴儿说话的样子总让人觉得可笑，但对孩子们来说，这种行为却意义重大。可能从孩子出生起就跟他们交谈是一种人类本能，在与婴儿相处这件事上，时间始终没发挥什么影响力，即便过去了一千年，我们依然要从这些基础的事情开始做起：孩子打从出生起就需要被关注、被倾听，这种需要会持续很长一段时间，然后他们他们才能发展出自己的语言能力。

当你亲切地应对那些令人难以理解的婴儿语言时，你所表达的是："我看见你了，我听到你的话了，我喜欢你。"

感的需求，这样才能帮自己再次走上正确的道路，正确的爱需要敏锐的眼睛。

与这位父亲相反，有些父母比较冷漠，对孩子不那么热情友善。他们关闭自己的感受之门，在身体或情感上与孩子保持距离。但实际上，人们外表上展现出来的冷冰冰的态度，代表了他们内心的某种恐惧。许多父母担心这是不是就意味着自己没有爱孩子的能力，其实这只是你对棘手事情的反应，但这会伤害孩子，因为孩子需要亲密的关系。当你发现自己面对亲密的需求不知所措，无法在情感上给孩子足够的回应时，你应该认真对待这件事，尝试与伴侣谈谈，向朋友寻求帮助或去看看心理治疗师。请说出自己的感受和困惑，尝试找出问题所在，并努力创建一个积极的框架，帮助自己向孩子敞开情感之门。

我很抱歉

许多在儿童时期遭受过身体惩罚的父母会本能地用同样的方法对待自己的子女，但正如我所说的，这种本能的反应模式不见得是有益的。也许你总会第一时间用各种理由为自己辩解，想要证明自己的行为是正确的，"她又挑衅大人了"，或者"他必须得做到"，但是你错了，孩子根本无法理解你的理由和期待。但如果你改变方式，他们将从你的正向引导中受益：努力让自己变得更好的父母会感染孩子，令孩子也希望自己能做得更好。只有认识到自己的错误并努力弥补，亲子关系才会进入良性循环。

请为自己的错误道歉吧！即使孩子还小，你也要这样做，还要找出防止这种错误再次发生的办法。你有超过 20 年的成长经历，有很多成功的经验，而对于孩子来说，人生才刚刚开始。如果你犯了错，请向孩子道歉，为了孩子的健康成长，也让你成为更好的自己。

观察自己的父母

成为父母这件事不仅会让你再次与自己的童年相遇，也会让你再一次审视自己的父母与孩子相处的方式，现在他们成了祖父母或者外祖父母，观察他们如何扮演这个新角色会让你了解到很多过去的情况。回到自己的童年，见证父母与小孩的相遇。观察自己的父母如何扮演祖父母的角色也能帮你了解自己父母的旧日时光。你也许会看到那久违的关爱，那仿佛他们在你的童年时代里给你提供的关爱，你也许会看到距离和尴尬。你的父母如何对待你的孩子，与你的父母当年是如何对待你的是否大相径庭？当一个新生命加入一个大家庭后，某些家庭会花大量的时间和精力来欢迎孩子，另一些家庭则很少关注他们。

不久前，我的一位咨询者玛丽亚给我打了个电话，我们在她十几岁时就结识了，她现在刚刚成为母亲。我已经多年没见过她了，这次见面让我有些惊讶。

她坐在我的沙发上，抱着婴儿哭泣。刚出生的婴儿所带来的情感冲击使她不知所措，尤其是这个婴儿的到来令她觉得自己失去了母亲。玛丽亚的母亲在她艰难的青年时代一直为玛丽亚辛勤付出，成年后她们也一直保持着良好的母女关系，至少玛丽亚是这样认为的。但是这位母亲对自己的女儿怀孕一事丝毫没有兴趣，也从未询问过她在怀孕后身体状况如何，她虽然送给玛丽亚一些婴儿服装，但感觉很勉强。玛丽亚原本以为这种情况在婴儿出生后会有所改变，但是她错了，她的母亲只瞥了一眼婴儿车，说了句："他很可爱。"就再无其他表示。她的母亲既没有把婴儿抱进怀里，也没有表现出任何欣赏和喜爱的神情。玛丽亚失望极了，她想，妈妈在自己幼小的时候也是这样的吗？不然自己为什么总容易感到孤独无助？她抱着婴儿，泪水沿着脸颊流淌。玛丽亚有种强烈的被欺骗感，觉得母亲不像她想象的那般爱自己，亲近自己。

每个人都有自己的故事，有自己生活的背景。我们就那样交谈着，直到最后，玛丽亚才告诉我，母亲生她时太年轻了，还遇人不淑，这令母亲不得不一个人苦苦挣扎，为维持自己的小家庭，付出了很多努力。也许她的母亲当年只是没有机会享受女儿的婴儿时光，那么成为外祖母这件事是否触发了母亲痛苦的回忆呢？我们后来还谈到了玛丽亚的母亲已经很尽力的事实，尽管生活条件困难，她却始终在伟大母爱的驱使下，尽可能与女儿建立并保持了亲密关系。

当玛丽亚清晰地了解了母亲的时候，她也终于可以理解母亲的反应，并且明白这些反应并非针对自己，只是母亲不愿意向她再提及任何往日的伤心事。玛丽亚原谅了她的母亲，即使她们从未谈论过那段痛苦的家庭时光。

一周后，玛丽亚又来找我，告诉我这次是母亲哭了。因为她终于鼓起勇气和母亲谈起了那段伤心的往事，母亲承认了她的推断是对的，并且母亲从未与任何人谈论过那段往事。外祖母第一次拥抱了外孙，他们的家庭得到了重新开始的机会。

成为父母可以让我们获得一些新的信息，让我们重新认识和自己有关的一切，包括我们来自哪里、我们到底是谁，这些问题的答案也可以成为一段崭新的家庭历史的序曲。

玩就是解决方案！

　　玩耍是人类美好的礼物，就在此时此刻，世界各个角落的孩子们正在用各种方式玩耍着。玩耍使我们变得更强大、更聪明、更快乐。实际上，人的一生都离不开玩耍，对于小孩来说，玩游戏尤其重要，是他们这个年龄段的一大需求，你会看到2岁以内的孩子在各种玩耍和游戏中不断成长。

　　请关注并支持孩子玩耍，为他们提供安全的玩耍环境，这会有助于他们的身心发育。你也可以在孩子玩耍时与他们共享美好的亲密时光。

　　与孩子一起在地板上做游戏吧，把自己置于和孩子一样的高度，陪伴他们玩耍，平视孩子的目光更能增加亲近感。作为婴幼儿的父母，无论你穿着多么讲究，膝盖多么僵硬，也都应该每天陪孩子在这里消磨一段时光。地板上的活动令人兴奋，父母可以试着去发现在地板上陪孩子玩的乐趣。

前 8 周

对于这么小的孩子来说，喂养和拥抱是最好的事。在这几周中，你只需为孩子提供安全感和亲密感，帮孩子建立起自己的生活节奏，让他们觉得这个世界是安全的地方。你暂时还无须为孩子提供更多的东西，实际上，陪伴孩子已经耗费了你大量的时间。

8～12 周

在这个阶段，你的孩子突然就变成了一个活跃的小家伙，你将和孩子进行第一次真正的互动。现在是时候改变与孩子进行言语交流的方式了——请给孩子回应你的机会。对他说话，对他微笑，然后等待他的回应。不要忘记孩子仍然是刚来到这个世界的小小新人，请用充满兴趣和热情的目光注视他们，并给予孩子时间和空间来回应。在接下来的几周里，这些无声的小对话将成为你和孩子最喜欢玩的游戏。交谈、发出有趣的声音、做鬼脸，你可以做各种能引起孩子注意的事情，以便他们能以自己的方式回应。

16～20周

这时大多数婴儿可以更好地控制身体，可以伸开双臂，抓住感兴趣的东西摇晃。可爱的小玩偶和有趣的拨浪鼓总会引发他们的兴趣，但这时的孩子集中注意力时间很短，通常只有几分钟甚至仅仅三十秒。这么小的孩子不需要很多游戏，重要的是给他们展示并交换各种好玩的小东西，孩子希望你陪他们一起充满兴趣地研究一样东西，看一看，摸一摸，过一会儿觉得没那么有趣了，再换一个小东西琢磨下。这个阶段的孩子已经对简单的韵律产生兴趣，所以你可以给他们听听小诗或简短的歌曲。

躲猫猫是对所有婴幼儿都很有启发性的游戏，他们可以躲起来偷偷观察外面。父母应坚持陪孩子玩这个游戏，它针对不同年龄阶段的孩子有不同的玩法：对于4个月大的婴儿，可以先遮住他们的眼睛，几秒钟后把手移开，微笑着在他们面前出现；对于已经成为小小探险家的18个月大的孩子，你可以躲在桌子底下或箱子里，孩子会兴奋地寻找你。这个游戏的意义在于让孩子知道，你和他是两个不同的人，而且是两个互相喜欢的人！当躲藏的一方被找到时，儿童和成年人一起发出的愉快笑声会

给人带来强烈的愉悦、被爱和被珍视的感觉。这是一个如此简单的游戏,却表达出非常美好的意义,它会让孩子在每次相遇时都感受到:"在你这个世界里我很受欢迎。"如果条件允许,你可以把躲猫猫这个游戏坚持玩下去,持续到幼儿园之后,在孩子开始发展自己的语言能力之前,这个游戏应该都是他最喜爱的游戏。

6 个月

孩子的肌肉越来越发达，他们变得足够强壮，可以坐着、爬行，将自己挪到某个地方，虽然还没那么稳，但他们已经迈出了奇迹般的第一步。这时孩子需要有人在身边帮助他们进行这些实践，请不要有太多的顾虑，要看到孩子成长的机会，而不只是那些潜在的危险。不要担心孩子会从地毯上滚下来，那没什么关系；不要太担心细菌和污垢，它们可以帮助孩子增强抵抗力。不应对孩子施加压力，而应为他们铺平道路，父母在这个时期要每天陪孩子做一些简单的训练。

这个年龄段的孩子很爱玩那种互相交换东西的游戏，你与孩子互相交换玩具或小东西，过一会儿再换成其他的。孩子在一开始只能用一只手抓握，但渐渐地，他们能掌握两只手的互相协作。别忘了适应孩子的节奏，无论与孩子花多少时间一起玩耍，都应选择在孩子精神好的时候进行，他们在玩耍时应该是愉快和满足的。在孩子想玩的时候玩，而不是在你想陪他们玩的时候玩。

9 个月

这时的孩子正努力试着站起来,他们会抓住一切机会,将自己的小身体抬起;他们会利用各种辅助工具:扶手、沙发垫、电视柜等,一切有助于两条腿移动的物体都格外有吸引力。这是学习走路的重要一步,请确保房间里是安全的,你无须过于紧张,放松身心,观察孩子这个消耗能量的过程,他们的目标只有一个——站起来,向前走!

帮助并鼓励孩子。所有能增进亲子关系、使孩子开心大笑的游戏都很有意义,你要与孩子在一起找出他们最喜欢的游戏是什么。这个年龄段的孩子更喜欢和你待在一起了,他们喜欢谁、疏远谁都会表现得十分明显。尝试让孩子尽可能多地结识新朋友,让孩子逐渐意识到他们可以认识其他人,而且这些人也是有爱心的、安全的。

12 个月

孩子1岁啦！这是成长的一个里程碑，他们从婴儿阶段跨入了幼儿阶段，身体和头脑都发生了变化，他们快要会说第一个词了，也开始需要知晓各种事物的名字了。这时与孩子交谈变得更加重要，要养成多和孩子说话的习惯，即使他们提出的问题并没有特定的答案。将词语融入游戏中，描述你们正在做的事情；将语言与世界联系起来，谈论各种各样的事情；一起读书或看图片，陪孩子讨论你们看到的东西。只要孩子喜欢，什么都可以讲一讲，你会在和孩子的对话中逐渐发现他的兴趣点所在，并将谈话更多地专注于那个方面。

那些身体接触较多的游戏，比如把孩子扔到半空中再接住，或者轻轻地挠他们的小肚子让他们发出愉快的笑声，都需要和他们亲近并信任的人一同进行，陌生的叔叔阿姨则不合适。孩子们会从这些无害的身体紧张经历中受益。一些孩子喜爱冒险，另一些孩子则更爱安全，对于喜欢冒险的孩子，你为了他们的安全着想将不得不对其稍加驯服和控制；而对于谨慎的孩子，让他们爱上这种游戏可没那么容易。孩子需要经历过一次成功才会放心再做这样的游戏，对于胆小的孩子，"你可以滑下来！滑吧！"的话语并不能减轻他们的恐惧，他们需要鼓励来激发勇气；或者你也可以陪他们一起做，从而给他们提供安全感。这时对孩子强行施加压力则会损害你们之间的亲子纽带。

18 个月

在这个阶段，你可以尽情让自己受到孩子更多的启发！环顾四周，一切事物都会引起孩子的注意：汽车很神奇，狗狗很有趣，水坑可以用作冒险场地，飞机飞向天空……几乎所有东西都是游戏，陪伴孩子共享这些乐趣很重要，收起智能手机，停下来和孩子一起感受建筑工地的魅力吧。

孩子学会了走路，攀爬和跑步的能力也逐渐增强，他们越来越需要活动型的游戏。告诉他们："注意安全，准备好就出发吧！"玩接球游戏，在确保安全的情况下尝试滑梯和攀爬架。当他们成功地做到了第一次，比如独自爬上石头或秋千，或独自从滑梯上滑下来，就会感受到成功带来的强烈快感，在这种快感的激励下，他会愿意更努力尝试其他事情。如果你这时陪在孩子身边，他们就能感受到父母所带来的稳定的安全感，从而变得更加勇敢。

24 个月

虽然与其他孩子一起玩还为时尚早,但 2 岁的孩子已经喜欢与同龄人待在一起了。和别人一起玩总比单独玩好得多,如果孩子还没上幼儿园,你可以带他们去孩子比较多的地方。不要指望孩子们总能一起和谐地玩耍、共享玩具,或者友好地对待彼此,争夺自行车或者不满同伴之间的推搡会时常发生,这时你不应尝试调解矛盾或教孩子如何分享,而应该寻找能让他们不再互相推搡、撕咬或打架的办法,比如开始另一个游戏,分散孩子的注意力,或者冷静地打断这种行为。注意不要责备孩子,与其他孩子玩耍是一项仍在发展中的技能,他们遇到靠自己无法解决的情况时,需要你的帮助和支持。

2 岁大的孩子会在头脑中构建一个幻想世界:各种物品都会用不同的声音说话,玩具、树木和汽车可以相互交谈,你可以陪他们尽可能地去周围寻找更多的事物,想象它们之间的对话,这能在发展孩子语言能力方面开辟一个全新的维度。

随着孩子运动能力的提高,踢足球、扔石头、踩水坑对他们来说都变得非常有趣。孩子会告诉你他们想要干什么,除此之外,他们也会热衷于加入成年人的活动并提供帮助,例

如乐此不疲地装满洗碗机、擦拭污渍（即使没有提供任何实质性的帮助），他们还热衷于模仿成年人的行为，例如熨烫、吸尘或做饭。这些行为让孩子们觉得他们是有所作为的，不是家人的负担。当然，你自己动手会做得更快，但给孩子动手的机会并真诚地对他们说声谢谢会让他们觉得自己是宝贵的家庭成员之一，从而增强他们的自信心。

男孩和女孩 —— 真实存在的性别差异

女孩的发育总比男孩快一些，她们先会说话，先会奔跑，比同龄男孩更早摆脱尿布，也更早开始绘画和阅读。

在活跃度和身体灵活度方面，性别差异也很大。当然，安静的男孩和活泼的女孩也存在，但总的来说，男孩的父母将面临更大的挑战。造成这种情况的原因有很多，包括女孩的大脑成熟得更早，控制能力发展得更早，等等，这种差异在2~4岁尤为明显，大多数父母在更早的时候就会注意到这种差异。男孩的父母很有必要了解这一点，不然邀请同龄女孩吃饭将是一种非常尴尬的经历——你可能会觉得自己的孩子不够好。

人们总会觉得，男孩调皮是因为他们的父母做得不好，但大多数情况下，这只是性别和个体差异导致的结果，等孩子们长大了，就会慢慢趋同。我们可以通过了解一个18个月大的孩子的发育特点来理解他们的父母是多么不容易，所以不要事事都觉得是父母做得不好。批评其他的父母并不能令我们成为更好的父母，相反，这会让我们变得更不好。

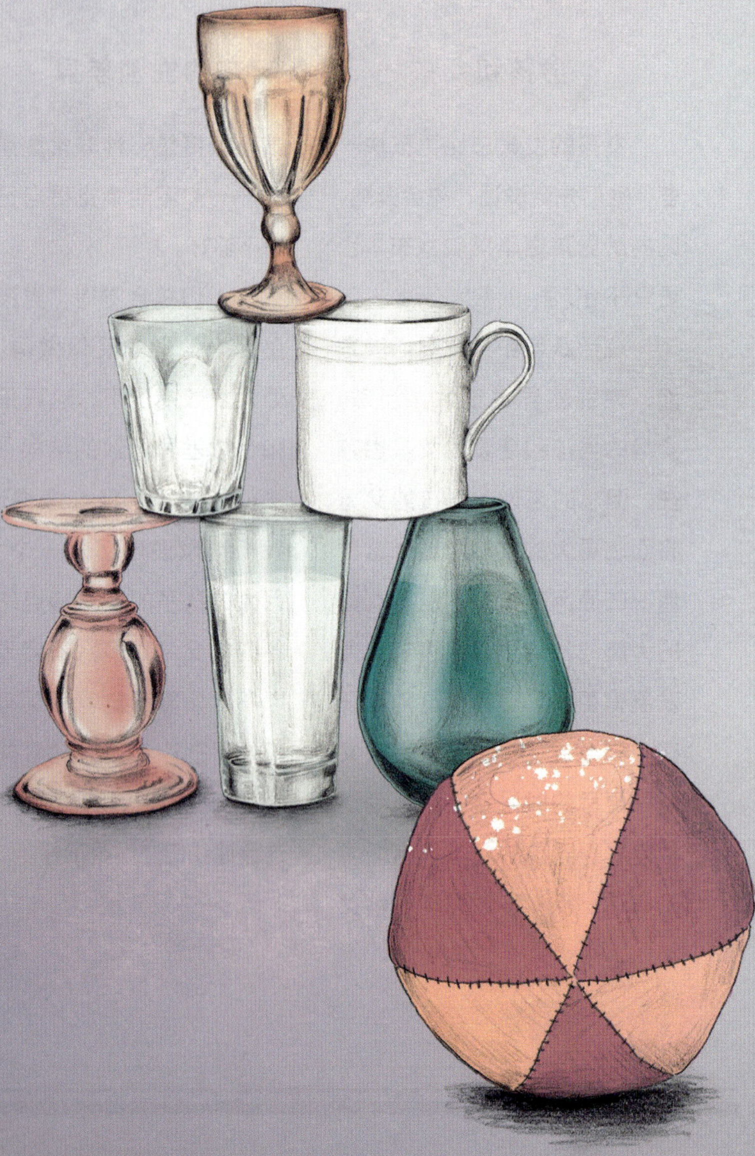

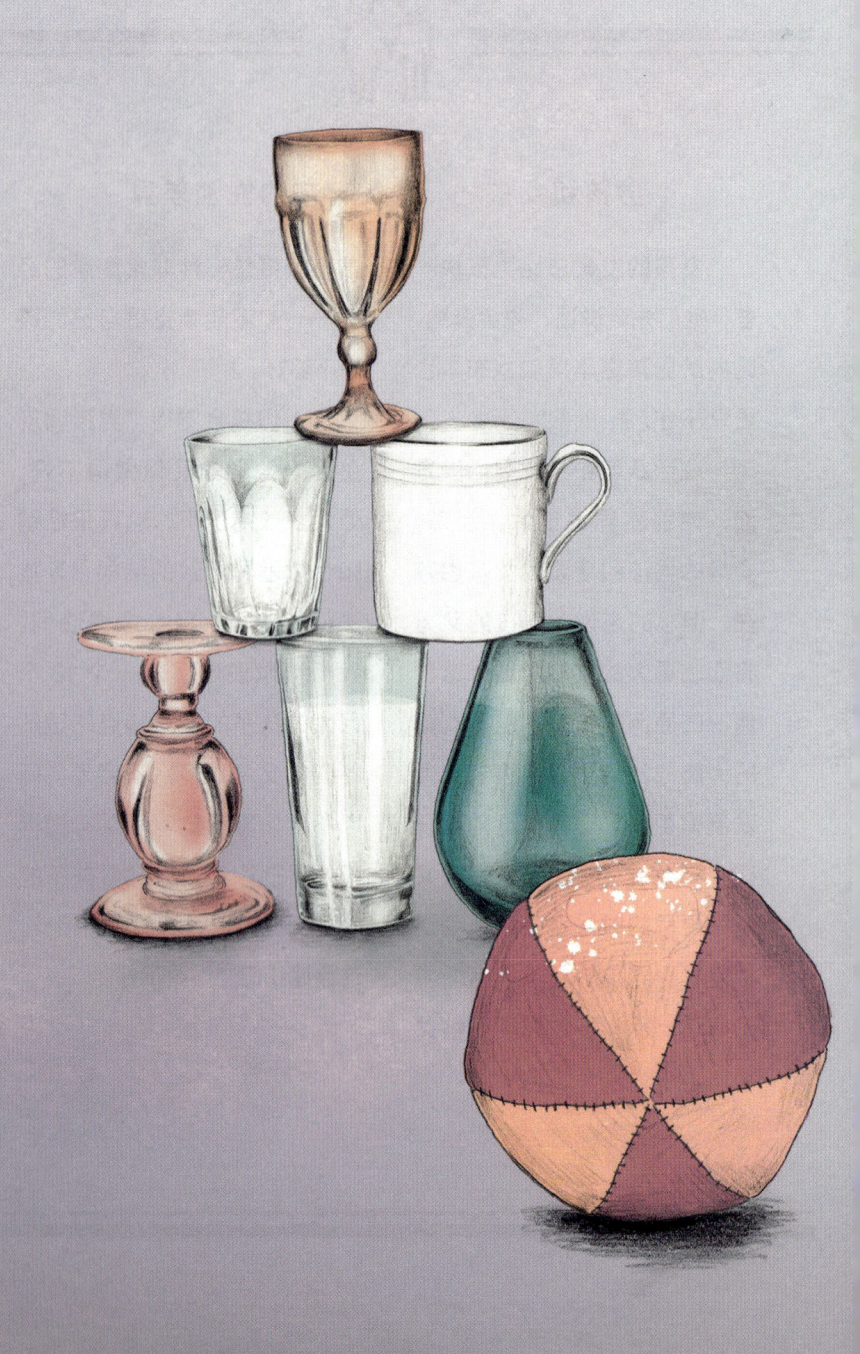

第四步
正确设定边界
—— 一个温柔的开始

人们总觉得对孩子的教育开始得越早越好,可以在幼儿阶段就教育他们养成良好的餐桌礼仪或学会分享。

但其实这么小的孩子无法学习或完全记住大人教授的规则。在这个阶段,培养父母与子女之间的爱才是最重要的事情。不过你也可以给予孩子一些有益的引导,向他们展示良好的生活方式。

小探险家

有一件事令我直到现在依然印象深刻,甚至在我的头脑里反复地慢速播放:我的大儿子在他还很小的时候,发现玻璃物品在摔到厨房的陶瓷地板上时,炸裂的玻璃碎片会飞溅到整个公寓的各个角落,他当时总要抓住一切机会复制这个场景,就像科学家一样,孜孜不倦地研究玻璃在陶瓷地板上的物理冲击现象。

实际上，所有的幼儿都是小小的研究人员和探索者。他们想知道榛子酱在手指上的感觉，想品尝肥皂的味道，想一次又一次地探索重力。他们所做的这一切在我们看来是非常愚蠢的，尽管我们自己在年幼时也曾以和他们相同的方式来学习。

直到我给家里换了摔不碎的盘子，他才把兴趣转向其他东西。渐渐地，我的儿子知道了哪些东西是容易打碎的，知道了重力的知识，知道壁炉很热，还学会骑自行车；他知道了人们在被伤害时或者快乐时的感受是什么样的；他学会了第二语言、乘法表和乐器，有了感知重要事物的能力；他还学会了宽容、原谅，学会了如何面对拒绝、如何爱别人。

孩子们在某个时候都会学到这些，但他们首先应该被允许成为探索者。

解决问题

孩子们发现将书从书架上扒拉下来，或者把自己吊挂在窗帘上很有趣，他们也很喜欢五彩斑斓的电视屏幕和燃烧的壁炉中发出的啪啪声。对于他们来说，屋子就像一个闪闪发光、色彩斑斓的奇妙乐园，如果你责骂孩子或用其他激烈的方式来阻止他们的危险行为，他们只会学到一件事：保持距离，再也不去壁炉旁。

传统的育儿方式是对孩子"发布禁令",孩子在做危险的事情时,父母严厉地说"不",给他们划出一条不许逾越的界限,并禁止他们通过做这些危险的事情"有所收获"。但你最好不要这样做,你应该具体事情具体分析,想出最合适的办法来解决这些问题。

家长们总会有这样的疑问:"但是,1岁的孩子转动炉子的旋钮怎么办?他们是否必须记住这是很危险的行为?"对于这个年龄段的孩子来说,安全是至关重要的,你需要在炉子旁确保他们的绝对安全。如果孩子要做危险的事情,你应该温柔地对他们说"不",然后将他们的注意力转移到其他可以做的事情上。

感到恐惧的孩子在一定程度上是"失聪"的,换句话说,大声粗暴地说"不"不会教给他们任何东西。小孩子在生命的头两年还没有学习很多东西,如果他们感到害怕,就更加不愿意吸收任何东西了。因此,在这种情况下,你首先要做的是冷静下来。

还有一些坚持不懈的孩子总想一遍又一遍地尝试,对研究

> 小孩子的生活都在地板上。与孩子保持亲密的最好办法就是俯下身去,直视孩子的眼睛,面对面交流。

某个物品表现出极大的渴望。你们之间可能出现某种持久性的拉锯战，但请注意，孩子仍然不了解打开火炉的意思，只有大人知道，所以你必须找到解决问题的办法。

在这种时候，对禁忌的激烈讨论毫无意义。你甚至不必一直向孩子解释他的所作所为是危险的，因为这个年龄的孩子很难听懂。

在这个阶段，你只需要帮助孩子找到自己在这个世界中的位置及节奏，他们出现任何其他问题，则需要父母出面解决。

愤怒的成年人

几年前，一对年轻夫妇来找我咨询，那个父亲令我印象深刻。他们有一个小女儿，但男方觉得自己还没有做好当父亲的准备，甚至觉得成立一个家庭为时过早，想继续过自由自在、可以与朋友们一起出城到处度假的单身生活。他感觉自己被孩子束缚了，并为此感到愤怒，情绪也变得暴躁易怒。他下班一回到家就感到十分疲惫，开始对伴侣吹毛求疵，不满公寓里的样子，还为小孩似乎没有学到什么东西而恼火。孩子当时十八九个月大，虽然母亲承受了绝大部分由父亲的态度带来的挫败感，但孩子也受到了影响。

一方面，愤怒的成年人真的会对年幼孩子的成长构成威胁，因为成年人对于他们来说大得多，如果你经常生气，他们最终就会对你产生恐惧。

另一方面,孩子爸爸的愤怒也是可以理解的,从某种意义上说,他感到被束缚甚至被欺骗了,这确实令人容易生气。我对这个爸爸印象十分深刻,这完全是因为他对我说的第一句话:"我知道出问题了。"他说最近自己下班一到家,孩子瞥到他的第一眼就赶紧躲开了,他的女儿真的很怕他。情况发展到这么糟糕的境地着实令人痛苦,但是这种经历也产生了另一种积极的作用——毕竟,并非所有人都能意识到造成这种局面其实是自己的错,但这个爸爸做到了。我陪着这对父母花很长时间观察孩子如何看待情绪沮丧的成年人,以及这对孩子与成年人之间的关系会造成怎样的影响。后来这个父亲通过持续的努力,终于一点一点地再次接近了自己的女儿,在这个过程中,他也逐渐理解了为什么伴侣选择留住这个孩子。他之前的愤怒使他感到孤独,并使他与这个新的小家庭产生了深深的距离感。

你必须为自己的愤怒承担责任,总把自己的坏情绪归结到孩子身上是错误的。成为父母必然意味着生活会发生翻天覆地的变化:你要把很多时间都投入到家庭之中,除了家务之外,你能做的事情变得非常有限,你甚至会觉得自己的记忆力都比以前差了很多。无数父母深深体会过这种无助感。在这种情况下,你可以做的最好的事情就是弄明白当前的坏情绪所导致的态度和行为不会给孩子带来任何好处。

拒 绝

我见过一些父母，他们总认为孩子在不停地对他们进行报复，可实际上孩子根本不会那样做。一位母亲说，如果她与儿子之间出现问题，儿子会"有点傲慢地"要转身离开她。如果你对孩子的态度不好，那么孩子只能通过转身离开来表达自己的想法，这不是报复，而是孩子表达他不知道你怎么了的唯一方法。孩子的这种行为所传达出来的信息是，他需要一种和解的方式，比如安慰、亲密和耐心。作为父母，你有义务去探究到底出了什么问题，并设法从根源上解决这个问题。

纪 律

在几年前的一个研讨会上，我遇到了一个魅力非凡的女人，她总带着胜利者的自信微笑，能轻易地成为整个会议的焦点，我很喜欢她。在交谈中，她告诉我她曾经读过一些我写的育儿文章。她童年时生活在一个氛围近乎严苛的家庭里，她有好几个兄弟姐妹，父母对秩序和纪律的要求非常严格。现在她有一个非常有爱心的丈夫和一个孩子。她自己在与女儿日常的相处中特别小心谨慎、体贴周到，以致公婆都对此很有意见，这对她来说几乎是种打击。在她看来，总要有人为所有的事情设定一个界限，要让6个月大的女儿明白，当大人说"不"时就是前 18 个月是感受爱的时间，你不需要说太多"不"。在这个年龄段，"不"这个字没有任何意义。

♥

不可以，没有讨价还价的余地。她满怀热情地承担了这项任务，如果孩子大声尖叫，把食物洒得到处都是，或往危险的地方去，她就会把孩子抱进婴儿床里，说："不行！"然后把孩子独自一人丢在那里一会儿。

她并不是没有爱心，而只是想为孩子设定界限，她担心纵容会伤害自己的女儿。后来她读了我的书，知道了那么小的孩子没办法理解她的行为，在当天就停止了对女儿的严厉管束。她的家庭很快就变得十分和谐，她女儿开始喜欢拥抱母亲并坐在她的腿上，直到这时，她才意识到女儿以前更愿意坐在别人的腿上，因为女儿在某种程度上回避了与自己母亲的亲近。当她告诉我这件事时，她哭了，我们俩都哭了，最后她面带一种特别的笑容说道："我好像再次拥有了孩子。"

你的感受只属于你自己

许多父母在孩子做了令自己不愉快的事情时会说出自己的感受。比如"爸爸害怕你离汽车那么近"或者"如果你再大声尖叫，妈妈就要崩溃了"。人们想让孩子明白他们的行为会带来的后果，这并不是一个好主意——因为是你自己该对自己的感觉负责，而不是孩子。如果你自己感到生气或恐惧，要自己设法去克服，而不是责怪孩子，告诉他们这些做法毫无价值且会伤害你。从长远来看，这种做法会导致孩子因为背负了太多的责任而产生内疚感。

如果你无缘无故地感到害怕，就请允许孩子继续做他们正在做的事情；如果你有充分的理由担心，就去采取一些措施："不要离汽车太近，这很危险！"是一个更好、更清晰的说法。

权威和自由

我回想自己成为母亲之前的想法时会脸红，因为那时我总觉得，如果自己有孩子，他不会在飞机的过道上跑来跑去，打扰别人，而应该静静地坐在桌子旁，成为一个礼貌的小男孩，还懂得及时洗手。在这些方面我都有具体的想法和见解，但在我儿子出生以后，我才意识到这些想法都是不正确的。我在没有孩子时一直觉得其他孩子很烦，但等到自己有孩子，我才发现小孩就是这个样子，多动并且喜欢疯跑。

那什么才是最重要的呢？什么能够帮助孩子成长？什么可以确保他们未来能够更好地融入社会并与周围环境融洽相处？

答案是让孩子感到安全，赋予他们在生活中的归属感——

人要拥有一个值得归属的家庭。你带孩子去咖啡馆，不是因为"他在咖啡馆能表现得很好"，而是因为你们一起去咖啡馆很有趣，这是关于"我们"的事，而不是让孩子一个人屈服的事。

我一直致力于一项教育，就是希望能教会人们如何与别人一起生活，如何彼此宽容忍让。你在责骂孩子的时候只是责骂了孩子，并没有真正为周围的人负责，你应该控制住局面，给予孩子指导，做一些真正有帮助的事情。

从一开始照顾新生儿就这样做，帮他们建立昼夜规律不能只是大声说："现在必须睡觉！"而要想办法帮助他们入睡。孩子很难自主入睡，你必须找出合适的方法，帮助他们建立规律的睡眠习惯。

这适用于所有与抚养孩子有关的事情，你需要花很多时间——教育不是在一个晚上或一个星期就能完成的事情。

孩子从你的行为中潜移默化地学习：你在餐桌上的行为，与他人说话的方式，怎样洗手，如何表达爱意。

与孩子一起走过成长的路就是教育，而且这绝不是反权威主义的教育。不要为孩子设定界限，而是你与孩子一起探索成长路上的风景。这是一个过程，在这个过程中引导孩子，尽父母的责任给予他们指导和帮助。

儿童逆反期的开始

在某个时候,通常是两三岁之间,你的孩子会突然感受到拒绝的乐趣,他们总是说"不",这让他们觉得自己取得了某种胜利。从某一天起,孩子从早上醒来就开始不断拒绝,无论吃什么、穿什么、做什么,他都要大声并坚决地对大人说"我不想",小家伙还会用自己整个小身体的肢体语言尽其所能向你表明,他(她)的拒绝有多么的认真。拒绝成了家庭生活的主调,父母为此头疼不已。

家庭里的每个成员,无论是父母还是孩子,都会通过说"不"来获得自由自在的生活带来的奇妙感受。孩子总要经历这样一个过渡的过程,从需要我们照顾穿衣吃饭到需要我们给他们读睡前故事,最后可以清楚地向我们宣布:他(她)并不是一个没有自己的想法的人。

但是这种过渡是必要的,我们必须适应孩子从婴儿成长为一个坚强而又独立的个体的过程。在这个过程中,孩子与成人之间的冲突有多大,取决于双方的态度。

许多父母对孩子的"不"回应以"不",以抵制孩子的无理取闹。他们变得跟孩子一样固执,要求孩子必须穿鞋或必须放下食物。结果就是父母在内心产生一种权威感,为自己能强迫孩子听话,能控制他们而感到骄傲,但这样做并不好。

可以这么说,家庭氛围总会熏陶孩子,令他们在不知不觉中和你成为"同类人",孩子会观察并模仿你的一举一动。无论在什么情况下,用强硬的方式与他们对峙都无济于事,

你也无法达到自己的目的。

相反,不断发展的意愿是积极的,你可以把这种叛逆看作孩子成长过程中的一种新的积极的现象。叛逆是孩子打造自己的第一个迹象,你的孩子在说:"这就是我!"抚养孩子是父母的任务,如果想快速克服挑战,你应该耐心地和孩子多说话,读书给他们听,拥抱他们,和他们一起度过快乐的时光。当孩子的语言能力进一步提升并发展成熟时,他们会发现除了说"不"和"不愿意",还有其他各种各样更好更丰富的方式来表达自己的意见和想法。

我个人觉得用"逆反期"这个词来形容孩子的这个阶段十分恰当。在这段时间里,你不要认为孩子在对你进行挑衅,你要理解他们纯粹只是在学着抵抗的过程中获得乐趣。你要为此感到高兴,孩子正在试着表达自己的意愿,他们为自己可以表达之前无法说出的感受而感到很兴奋。他们通过逆反期的探索为自己设定边界,这是孩子变得独立的重要一步。人们总希望孩子在长大后可以远离坏朋友,可以与对的人同床共枕,那孩子就要具备在面对未知的冒险时为自己设定边界的能力,他们需要学会坚定地表达"行"或者"不行"。而现在,你的孩子正站在这段学习过程的起跑线上。

你有责任确保孩子在平和的环境中实践对"叛逆"的摸索。

这并不意味着孩子的每次反抗都是对的,他们会坚持各种奇怪的事情并且经常是错的,但这绝不是针对你个人。你只要尽力保护他们表达意愿的自由权就好。

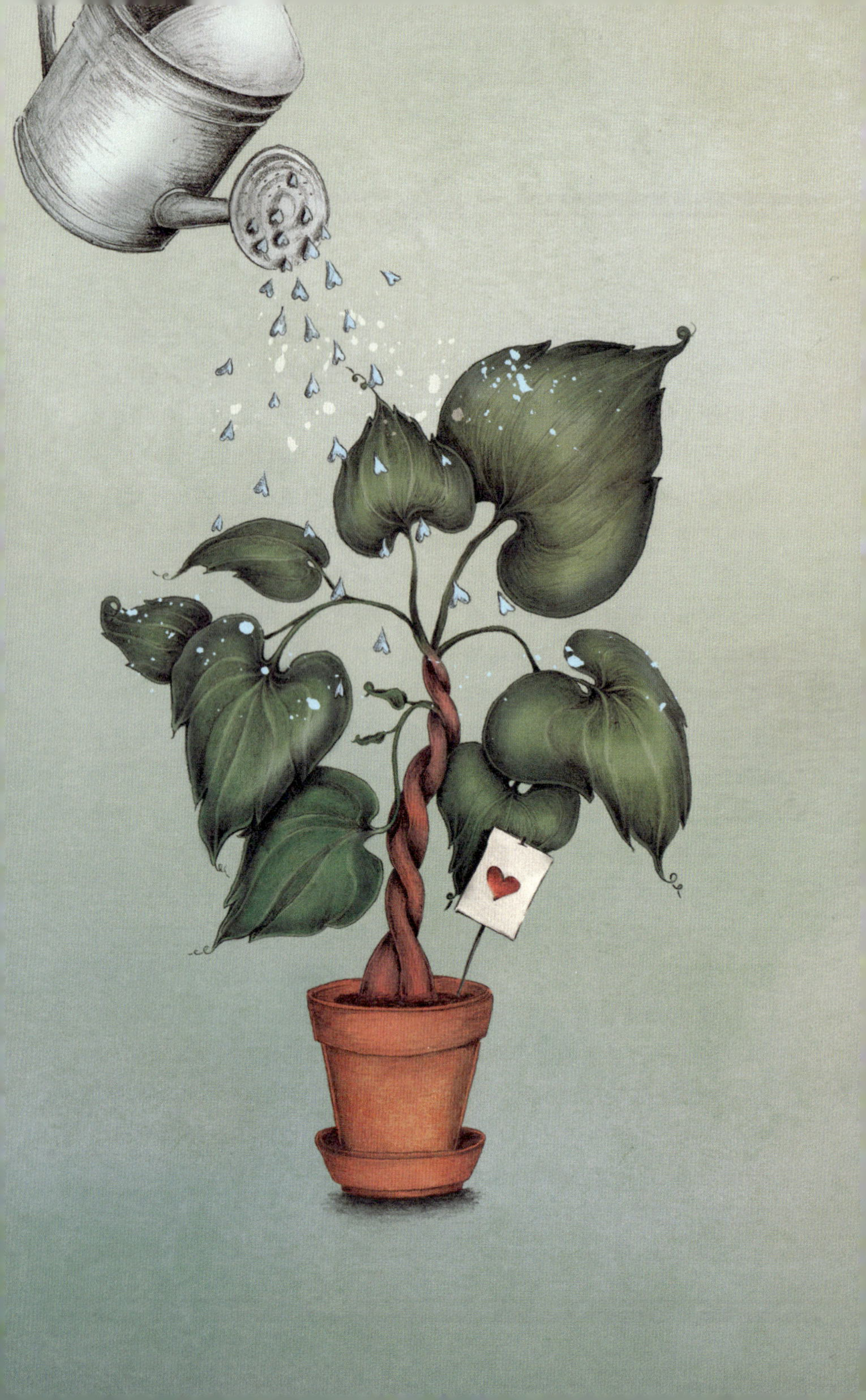

第五步
协调家庭关系

我的工作室小巧而美丽，粉刷成白色的天花板上装饰着水泥雕成的花环。我非常喜欢我的工作室，在这里可以听见奥斯陆城堡旋转轨道上电车的声音，电车经过时，工作室所在的百年建筑会随之微微颤抖。我已经数不清楚有多少对夫妇坐在沙发的一端向我表达内心的疑问："我们到底怎么了？"

建立一个家庭，所要面对的不只是美好，当两个人变成三个人时，人们通常都会遇到或多或少的问题，我们的想法与现实之间的差距有时甚至会非常大。生活总在不断变化，我们在不同人生阶段的重点事项和各种事情的优先级都会不同，在这整个过程中，我们需要尝试保持我们最初的那些美好关系。大多数人都可以做到，但是也有不少人觉得这比想象的困难很多。

我想向你介绍一种可以挽救自己与伴侣之间紧张关系的方法，以及在双方关系破裂且没有挽回希望的情况下，如何让一切维持正常运转。

被"毁掉"的父母

我还记得一位坚强的年轻母亲在我的工作室中流着眼泪说:"我现在必须坚持住!"她为孩子耗尽了自己的力量。人们想象中的母子关系是和谐完美的,然而孩子真正到来之后,这种观点很快就会被证明是错误的。这位年轻母亲抱怨道:"我知道我得到了一份很棒的礼物,但我之前的人生也彻底丢失了。"

在社交媒体和博客文章的描述中,新生儿的到来是那么美妙、和谐,总是带着柔和的滤镜,确实有些人会有这种感觉,但大部分新手父母都会感到这一切与预期大不相同。孩子时刻需要你;刚生产后的身体超出想象地疼痛;情绪如过山车一样高低起伏;睡眠严重缺乏;身材也走了形:乳房肿胀,肚子软塌,腰腹与怀孕之前看起来完全不同。尽管妇科医生认为这都是正常的,但人生的这个阶段比其他任何时候都更容易激发你的挫败感。

千万不要觉得美丽健康的身体是产后的常态,你的身体还

> 无论是对其他家庭成员还是对自己,都要努力确保每个人都有足够的空间,都能感受到爱,都有时间和机会去做自己喜欢的事情。

需要一段时间来恢复平衡，逐渐变回原来的样子。

生育孩子是一件伟大而美好的事情，但它也是一件能带来彻底改变，令人筋疲力尽、痛苦不堪的事情。

这是事实。

一起经历这段时间

孩子的到来是夫妻关系的压力测试。请坚持每天尽可能多地对伴侣微笑，握紧对方的手，并尽一切努力保持对彼此的热情和对生活的热爱。询问他（她）过得怎么样，关注他（她）是否仍然有足够的精力照顾孩子，不要因为被孩子折腾得精疲力竭而忽略对方。

能够成功度过这段艰难时期的夫妻有一些共同点：彼此共享快乐时光，共同悉心照料婴儿，和谐的性生活，拥有共同的美好记忆，注重生活中的仪式感。一般来说，你们需要做的只是一起享受早晨的咖啡时光，一起回忆美好的经历或一起听一首你们都喜欢的歌。保持恋爱关系的夫妻能轻松度过这段时间，尽管有很多事情令你们承受压力，但彼此陪伴共同努力是一件美好的事情。我坚信能平稳度过这些年的夫妻不会过多地关注彼此的小错误，因为人终究会犯小错误。养育孩子通常会令双方都缺乏睡眠且倍感压力，这是无法避免的，也是因为你刚开始扮演父母的角色。

与伴侣要互相理解，互相支持。

♥

记得要宽容另一半，学会原谅，尝试理解。

如何看待你的家人

夫妻二人在童年时代有着不同的成长经历，热恋时人们很

如果有时间的话，可以与伴侣谈谈

- 希望孩子以后有什么样的童年回忆；自己小时候印象最深的事情是什么。
- 父母给予孩子最美好的东西是什么？你们分别列出清单并与对方分享！谈谈自己小时候从父母那里得到了什么。
- 告诉伴侣自己最欣赏对方身上的哪些特质，并给予真心的夸赞："作为我的伴侣，作为孩子的母亲（父亲），我觉得你最大的优点是……"
- 认识到彼此生活之间的差异，并找到可以求同存异的相处方法。"作为父母，我们最与众不同的是……"

容易高估彼此的相似性，但当孩子出生后，现实往往会令二人的差异赤裸裸地暴露出来。夫妻二人生长在不同的家庭环境中，与家人的相处方式各异，饮食习惯不同，有各自度假旅行时偏好的地点和方式，学习了不完全相同的规则。婴儿可以让你有机会更好地了解伴侣，去重新发现他（她）。请借此机会互相聊一聊自己理想中的家庭，并探讨一下用什么样的方式才能将其实现。

一对好的父母不必在所有事情上都达成一致，孩子可以从父母身上不同的生活方式或特质中受益，但重要的是，你们的关系必须基于爱和尊重。作为父母，越能认清和了解彼此，就越容易获得爱。

充满热情充满爱

"人们有了孩子后，自我会完全消失吗？"我的一位咨询者问。答案是：从某种意义上说是的，但是人们可以学着寻找新的自我。如果你想要与伴侣更亲密，可以趁孩子睡着时抓紧享受亲密时光，即使累得筋疲力尽时也可以安静地彼此依靠。此外，关注当下需要的新事物也变得越来越重要：如果家里有1岁的孩子，你就不那么需要智能手表了，因为整夜不被打扰的睡眠变成了新的梦想。井井有条的日常生活会令你更轻松。

在过大的育儿压力下，拥有稳定关系的夫妻之间也可能出现裂痕。财务问题、疾病、家庭成员的死亡——这些比较大的压力会使你无法长时间维持平常的状态，即使是最稳定的夫妻关系也会面临威胁。

冒着被称为道德说教者的危险，我要再强调一点：请避免出现所有可能导致不忠的情况。在孩子刚出生的那段时间，你可能无法拥有足够的性爱和亲密关系，容易出现外遇，那样做会令很多美好的东西支离破碎。你应该对自己和伴侣负责任，在这个蠢蠢欲动的特殊时期保持克制。

问题最大的往往不是那些争吵最多的人，我遇到的很多夫妻，大声对骂，但与彼此相处仍然感到幸福。我也遇到过一些从不吵架的夫妻，他们总是安静并谨慎地向对方微笑，但却对对方深感不满。影响夫妻关系的决定性因素不是争吵本身，当你固执地坚守自己一成不变的模式不愿意去改变时，当你让对方感到自己毫无价值且无足轻重时，问题才会真正出现，这样的关系是不正常的。

夫妻双方都会有需要对方帮助从而正确感知彼此的时刻。我们都需要被人关注的感觉，但是在养育婴幼儿的混乱中很难保证这一点。屡次失望之后，你将丧失对伴侣的激情和爱心，你应该鼓起勇气，寻求不插足夫妻关系的第三方的支持。

请给予对方体贴、感知和理解，你们可能都会收获很多感动。

对于需要改善关系的夫妻，我通常会提出以下建议。

维持良好夫妻关系的 5 个建议

1. 为新的邂逅创造小空间

不在一起的时候,记得挤出时间打个电话,孩子入睡后一起喝杯茶,寻找各种能把目光从孩子床边挪开看看对方的小机会……尽可能尝试创造各种小小的相遇空间。

2. 放开彼此

你们两个都需要偶尔从养育任务中暂时抽离,静静享受一下没有要求、没有孩子,也没有伴侣在周围的个人时光。给对方这样一些小小的休息空间,不需要大惊小怪,也不要求对方的任何回报。

3. 彼此靠近

亲密的关系是用来感受的,而不是用语言来表达的。保持与彼此的亲密接触,拥抱、爱抚、牵手、亲吻等,尽一切可能让对方感觉到,他(她)对你来说很特殊、很重要。在养育孩子这个劳累又艰巨的任务里,你们不仅是朋友或伙伴,更应该是亲密的爱人。

4. 把性作为夫妻关系的黏合剂

家有幼童的父母常常缺乏性生活。但请尽可能找机会享受它！如果真的因条件所限，几乎没有做爱的机会，也要持有美好的幻想，注意不要给对方施加压力。如果你的伴侣还没有准备好发生性关系，压力可能会损害夫妻关系。请彼此耐心等待，总有一天，你们会恢复美好的亲密关系。

5. 理解对方

如果你的伴侣变得不可理喻，请不要放弃，尝试着主动去了解他（她）。迈出解决问题和相互理解的第一步总是很不容易，需要付出很大的勇气和力量，但请成为有勇气主动接近对方、寻找和解之路的那个人！

孤独的爱人

在照顾小婴儿的过程中，伴侣常会陷入一种模式：其中一个人会表现得非常细致或者控制力很强，控制力强的一方最了解育儿的一切，会决定如何处理孩子的各种事务，包括穿什么衣服、什么时候该吃什么等，这容易使另一方感到自己很笨，甚至产生自卑心理。这种模式通常会导致较弱一方的退出，因为弱方会认为："我尝试这样做是没有意义的，无论如何都不够好。"反过来，这给较强的一方造成独自忙碌没有帮手的感觉，这种模式会使双方都感到孤独。

在大多数夫妇中，女人是控制方，而男人是退出方。母亲

一个被逐渐延长的周末

经常有人问我，1岁孩子的父母是否可以度过一个没有孩子的漫长周末。我的回答是"否"。我理解，许多夫妻在劳累了一周后都想要一点自己的时间和自由的呼吸，但1岁的孩子没有真正的时间感，会很难忍受父母的缺席，一旦没有父母在身边，这对孩子来说将是一个漫长且不安的周末。最好不要选择太长的旅行，可以在比较近的酒店里过夜，可以找一个可靠的保姆来让自己摆脱日常生活，但切记不要离开太远，在外住一个晚上就足够了。婴儿对陪伴的需求非常多，在接下来的几个月到几年中，你可以逐渐延长不和孩子待在一起的时间。2岁内的孩子不应与父母分开超过2~3个晚上。

相信我，总有一天，你会发现孩子会催着你们离开，因为与年轻的保姆待在一起比跟爸爸妈妈待在一起感觉更棒，我就经历过这种情况。

最清楚尿布袋中需要准备的各种东西，因此父亲便不会太在乎；母亲知道何时需要喂养孩子，父亲就不再为喂养的事情操心，而是等待她的抱怨；母亲对洗澡、换尿布以及哪种婴儿推车最好都一清二楚，于是父亲干脆就都放手不管了……这使夫妻双方都感到孤独和失望：她对一个在养育孩子时不负责任、毫不在乎的男人感到失望，他对一个不让他靠近自己或孩子的女人感到失望。

我与许多在孩子幼小时感到自己被忽略和排斥的男人交谈过。有些女人似乎已经忘记了自己还有丈夫——她们坚信自己最了解孩子的一切，伴侣在她们的头脑中不再是一个充满魅力和自信的男人，而是一个无精打采的白痴。但说实话，我认为男人通常很有潜力，也能承担起那些超级妈妈的责任，在夫妻关系中，你可以塑造自己的伴侣。

这种夫妻俩背道而驰的寂寞是我在自己的工作室里最常听到的问题，我从事这项工作以来，总能遇到咨询者提出这个问题，孤独感是导致夫妻在孩子幼小阶段离婚最常见的原因。因此，在为遭遇这个问题的夫妻提供心理治疗时，我总是尝试帮他们打开心门，走进彼此的内心世界，再一次邂逅并重新了解彼此。

我建议你在以后的生活中经常打开心门，以免陷入孤独。体验下父母角色互换，重新认识曾经热恋的伴侣，去发现你之前不了解的崭新一面，这也会是一种很棒的体验。

孤独只会导致愤怒，曾经想要共度一生的伴侣会因此受到伤害。

夫妻关系破裂

我当然明白，有些关系注定无法长久。也不是所有的事情都能够像预先设计好的那样一直发展下去，当两个人一起迎来孩子时，这一点通常表现得尤其明显。就像在放大镜下观察两人的关系，然后发现了伴侣的真实面目，看到对方真正的价值观，以及对周围事物的看法。当两个人组建了一个家庭之后，彼此的差异会逐渐暴露并越来越明显，以前那个深深吸引你的爱人会逐渐变得令你无法忍受。你们会突然在孩子如何过生日或者应该什么时候去睡觉之类，在以前看上去根本没那么重要的小事上斤斤计较，彼此不肯让步。

那些分开的夫妻，也都曾为家庭关系投入大量的时间和精力。分开没有错，但如果在有孩子的情况下分手，你们就还需要与对方终生相处——因此，请提前做好尽可能全面的打算。同时，不要将分手的流程拖得太久，这会让你深陷痛苦之中。

我常会遇到那些本该早点分手的夫妻，他们因为对恢复良好的家庭关系依然抱有幻想，所以还在苦苦支撑。无论他们彼此的关系恶化到什么地步，这个幻想始终存在于他们的潜意识中，困住他们，令他们进退维谷，这种局面是非常有害的。

现实中大多数夫妻都在苦苦维持这种已经僵化了的关系，因此大多数孩子都是在父母双方的共同陪伴下长大的。即使你陷入了这种困局，也没有理由感到悲观。相反，应该积极寻找对方的优点，专注于彼此的共同点，寻找可以相互理解、帮助和宽恕的方法。

你要坚信自己的家庭会再次变好。养育幼小的孩子给你们带来了巨大的压力，但那终将过去，孩子会长大，美好轻松的日子终会到来。

如果还是不行呢？

与第一任丈夫离婚时，我觉得自己整个人生似乎都结束了，很久以后，我才意识到这话着实言之过早，但当时的我作为一个刚离异、带着一个小男孩的母亲终日苦苦挣扎，倍感绝望。记得那段时间的某一天，我突然发现自己所有的衣服都肥了，我感到非常惊讶。但是那段艰苦的时光已经过去，生活仍在继续。

幼小的孩子会接受任何样子的家庭，所以那不是最糟糕的分手时间点，但你需要找到一种解决方案，使双方都可以与孩子共度时光，又不会让孩子遭受困扰。法律规定的每周探视不能为孩子提供足够的安全感，最好不要立即确定一个最终版本的陪伴方式，而要灵活调整时间，从而确保孩子能享有与父母共处的时间。在最初的几年中，孩子太小，还不适合来回奔波，所以父母要一起找出最适合孩子的方案。

你需要清楚的是，不必永远维持那样的关系，随着时间的推移，你们可以使用不同的方案，逐渐探索，看看孩子是否能够接受。

事情已经发生变化，你可以找到新的最适合的解决方案。

生　病

一对夫妇来找我咨询,因为他们总是为孩子的健康问题争论不休。父亲是焦虑型的,总想在孩子出现发烧或其他生病症状时立即咨询医生;而母亲则认为容易生病是儿童时期的特征,在大多数情况下病症会自行消失。母亲的镇定只会使父亲更加焦虑,他的过分焦虑则促使他的妻子想要与他保持距离。他们问我谁的做法才是对的,但我建议他们试着去更好地了解彼此。

回答他们两个谁是对的很容易:总体来说,母亲是正确的。孩子经常生病,但一般来说,给孩子一点时间、一些关爱,并让孩子多喝一些水,他们就会康复。同时,父亲也是正确的,因为他深爱着孩子,觉得孩子是他们必须悉心照料的珍宝。我试着告诉他们,双方的观点都是对的,都对帮助孩子有重要意义。父亲的看法强调了对孩子的珍惜爱护,母亲的视角则可以使他们免受多疑带来的困扰。孩子需要大人向他们发出这样的信号:"没关系,一切都会好起来的。"

我们每个人都要接触人体构建免疫系统所必需的病毒和细菌,特别是在孩子上幼儿园或接触新的看护者的时候。他们会被感染,出现喉咙痛、耳部感染、胃肠道感染、感冒等病症,过一段时间病症会逐渐

消失。如果6个月以内的孩子发烧，那么应该带他去看医生；对于稍大一些的孩子，如果发烧超过40℃且长时间感到疼痛或无法平静下来，也要及时就诊。作为父母，你会特别担心，但实际上大多数疾病在不经治疗的情况下都会好起来，不过家长需要确定这种病确实没有什么危险才会安心。

　　但无论家长是否紧张，一旦孩子生病，全家人就都会跟着操劳：你必须整夜看着，把孩子抱在怀里，尽量让他们感觉舒服，安抚孩子，给他们擦鼻涕，处理他们的发烧和呕吐。父母得轮流照看孩子，生病的孩子自己也很难受，虽然这个过程让人筋疲力尽又很心疼，但孩子的病症也会逐渐消失。

　　这对夫妇离开我的办公室时，妻子意识到丈夫的关心是积极的，丈夫也明白了妻子的平静不应被看作漠不关心。一个月后，当我再次与他们见面时，他们谈论孩子疾病的方式已大为不同。他们找到了彼此差异的平衡点，而不是将对方视为敌人：她对孩子的疾病更加小心，他更放松了，他们都更加信任对方。成年人总会从彼此的提醒和启发中受益，双方的差异往往会使我们成为更好的父母、更好的夫妻。

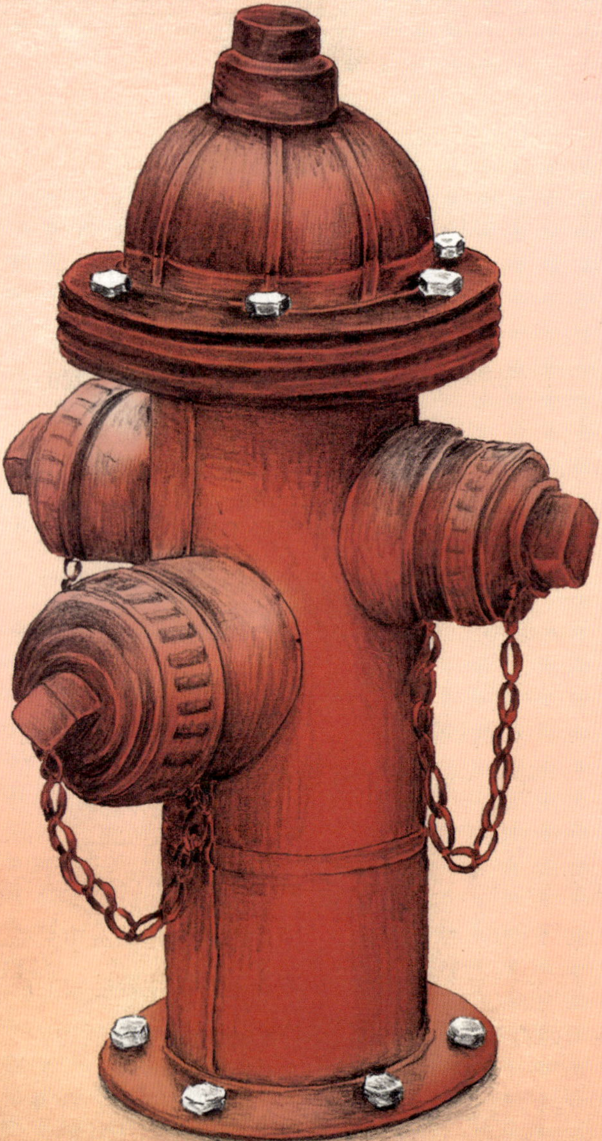

第六步

管好你的情绪

孩子很容易受到伤害,毕竟他们幼小的身体相对于大人来说是那么的脆弱,况且,孩子们总会轻易触发成年人的暴力倾向。人们总会在某个时刻感到茫然、无助,或者愤怒。在养育孩子的漫漫长路上,你会无数次感到自己付出那么多,可它们却显得那么微不足道,你会时常产生失败感,比如你试图让孩子停止哭泣却屡屡失败的时候,以及你 1 岁的孩子怎么都不愿意上床睡觉的时候。

当成年人感到付出毫无意义时,家庭中便容易发生不太美好的事情。

然后可能会出现大人威胁恐吓孩子的情况。但是作为父母,你应该明白一件事:你永远不会像自己想象的那般无能为力或微不足道。

如果在日常生活中发生危机,你应该尽一切努力避免强迫、打骂和恐吓孩子。如果你成功做到这一点,就已经在育儿道路

> 应该始终避免暴力行为。4岁以下的孩子比其他年龄段的孩子更容易遭受暴力和体罚,家长尤其容易高估男孩子对暴力的承受能力,在这个年龄段,孩子既无法反抗,也无法给你清楚的反馈。

上收获了很多。在孩子刚出生的头几年里,家长可以创建良好的情绪应对模式,让它来带你度过孩子的整个童年。

你可以通过做一些积极的事情来应对最糟糕的日子。

我可以打孩子吗?

其实不应该打孩子,这句话说起来非常容易。在挪威,打孩子被法律禁止,我也绝不建议对孩子进行任何体罚。但在日常生活中,我们经常处于灰色地带:忙碌的早晨,在你赶着去上班的时候,你的孩子却坚决拒绝穿羽绒服,你可以使用什么样的强制手段?你将孩子放入儿童座椅时,小家伙总是不肯系好安全带,你可以使用多大强度的强制手段?我的一个儿子是个小小的逃脱艺术家,每当我帮他系紧儿童座椅的安全带,他总能用各种方法脱掉它,还得意地咧着嘴笑。对孩子来说,这是一个有趣的游戏,却会使大人感到非常沮丧。当你不得不面对怎样都不肯停止哭泣的孩子时，不用怀疑，绝大多数父母会和你一样感到无助和愤怒。

将孩子抱在怀里时，用多大力度合适？可以在多大程度上强制让孩子按照你的意愿行事？

遭受暴力对孩子来说是最大的伤害。婴幼儿的神经系统尚未发育完全，仍然缺乏语言表达能力和控制自己行为的能力，绝大多数成年人对他们来说都十分庞大，而且他们的骨骼不够坚硬，肌肉不够有力，不能承受太多的外力，那很容易就会使他们受伤。

我见过许多对孩子反应过度的父母，听着他们用语言对整件事情进行描述，我明白他们不是暴躁的怪物，而只是普通人，他们只是不知道如何应对育儿过程中的这些棘手的问题。他们情绪的爆发，往往因为他们感受到了过大的压力、绝望或者深深的失败，孩子无论如何都不听话，他们也无法找到合适的对付孩子的办法。

对待自己的孩子，仅仅喜爱是不够的，你还应该了解他们的成长规律，了解他们在什么年龄具备或缺乏什么样的能力。永远不要认为小家伙是可恶的，他们需要的只是关怀和安全。

停下来想一想

如果你感到自己充满愤怒和绝望，情绪已经游走在危险的

父母应避免体罚孩子。在你第一次有意识地控制情绪并取得成功之后，你克制自己不对孩子发火的能力会越来越好。

♥

边缘，请马上停下来！深呼吸并问自己："我现在该怎么办？"如果你能成功停下来，就很有可能避免情绪的爆发。

如果孩子令你烦躁不安，请先将他（她）放在一个不会受伤的安全地方，自己休息一下，并向信任的人寻求帮助。在与小孩打交道时，无论怎样的做法都比粗鲁对待要好。

我们自己的童年经历和对孩子成长的期望塑造了我们的育儿思维。有人认为，如果孩子做了"愚蠢"的事情，把他（她）打一顿能帮助他（她）更好地成长。但实际上，这种行为除了给孩子带来痛苦并没有什么用，它只会告诉孩子一件事：父母会带来痛苦。

父母对孩子的惩罚，即使看上去很微小，也可以给孩子带来巨大的羞耻感，尤其会对孩子日后的性格塑造产生不利影响。如果你一次又一次地教训他"不够好"，你不但会一无所获，还会破坏你们的亲情纽带，剥夺孩子的安全感，阻碍他独立成长的进程，打击他的自信，而自信是孩子今后人生中非常重要的东西。

正如我所说，大人的情绪失控都处于灰色地带，发生在大大小小的日常事情上。开车兜风度假时，你很难让 9 个月大的孩子安静地坐在儿童座椅上，必须尝试各种办法：分散注意力、斗智斗勇、互相依偎、使用平板电脑、给他吃巧克力、给他唱歌，必要时停车休息一下，以便你们能安全地抵达目的地——这就是生活，绝对不能打孩子，也不能摇晃、恐吓或用家长的权威压制孩子，无论做什么都比这类行为好。

尽早创建良好的相处模式

今天与孩子打交道的方式决定了你们未来的关系。因此，父母要早日养成理性地与孩子打交道的习惯，即使你们在日常生活中并没有这个意识。你应该从孩子的角度出发考虑问题："到底为什么会这样？对，我们刚从幼儿园出来，他已经很累了，我却带着他去购物，那肯定不行，我们最好快点回家。"这样的想法比"我不喜欢这样的孩子，我不会容忍这种行为"要好得多，可以避免你和孩子直接在超市里起冲突。

所以请尽早学会平息矛盾，打造一个可以帮你应对未来更严重情况的相处模式。

这很像意识训练：当你感到即将失去控制的时候，请站在孩子的视角观察情况。如果半岁的女儿在一家咖啡馆里变得不安并表现出某些"不好"的行为，你应考虑："好吧，待这么久对你来说似乎太长了，你一定是累了，想回家睡觉，我们现在就回去吧。"

如果采用这种思维方式，你将在未来几年中获得惊喜的回报。

避开令孩子不舒服的环境

孩子们想要被大人喜欢，所以总会学着去适应大人，但在这个过程中，他们会产生筋疲力尽、饥饿和其他不舒服的感觉。通常情况下，你是最了解自己孩子的人，往往能在他们表现出不适的最初迹象时就会发现。养育孩子总要了解并避免那些会使孩子觉得不舒服的环境。

许多父母觉得孩子在幼儿园时表现得比在家好，那通常是因为教育者利用专业的方法，为孩子量身定制各种活动，结合规律的休息，从而达到更好地组织孩子日常生活的目的。你也可以根据孩子们的需要来组织一天的活动。

要学着了解什么才真正适合自己的孩子。对于有些孩子来说，从一项活动转移到另一项活动很容易；但对另一些孩子来说，这是很困难的事情。活动之间的切换常常会引发问题。

因此，你需要识别不同的情况，弄清楚对自己孩子来说，怎样的环境或做法会让他感到舒服，以孩子的需求和关注点为主线。在大多数情况下，那些在你看来十分无聊的事情往往能发挥更好的作用：常规事项、可预测的事项、休息、定时进餐、大人的耐心和充足的睡眠。

这同样适用于你自己。

> 如果你觉得孩子正在试图激怒你,就会倾向于让孩子对自己的行为负责。大人们会觉得,孩子打破杯子应受到惩罚,上床睡觉之前大喊大叫应被制止。可实际情况并不是这样,孩子需要你在那里尽最大的努力解决出现的问题。

救命!1 岁大的孩子会咬人

我最小的儿子第一次咬他 3 岁的哥哥时,刚好 1 岁。本来这个小小的男人已经习惯了这样的事实:哥哥比他大,更有优势,如果哥哥欺负他,他没什么办法,只能接受。直到有一天,当哥哥从他这里夺走他最爱的玩具时,他咬住了哥哥的胳膊,我们三个人当时都惊呆了。

突然,小男孩明白了自己该如何强调自己的要求:咬。

许多人问过我,18 个月之后的孩子咬人又打人该如何应对。实际上,在这个年龄段,此类冲突很普遍、很正常。年幼的孩子们会尽自己最大的努力进行沟通,尽一切可能,使用一切手段。到了 2 岁之后,这种咬和打会逐渐停止。父母要做的就是制止他:"你会咬伤哥哥的,别咬啦!"然后再将孩子从冲突的局势中转移出来,找到能转移他们注意力的事物。解释、愤怒

孩子很容易就能把你惹恼，但把挫败感带来的负面情绪发泄在孩子身上是不对的。当你处在情绪爆发的临界点，却能及时刹住车而没有影响到孩子时，你就已经是个大赢家了。

♥

和惩罚都是没用的，为了不出现更严重的矛盾，你只能以这样的方式来处理。

学习语言是防止咬人和打架的良方。提升孩子的语言表达能力可以减少他们采取咬人的方式来表达自己的观点。请给孩子朗读，在玩耍时与他们交谈——语言是使孩子更加镇定地解决问题的绝佳工具。

也许这就是为什么咬人和打人在 2 岁左右的幼儿中如此普遍：在开始学习帮助交流的语言技能之前，他们只能用这种方式解决问题。

孩子什么时候应该学习

去年秋天，我在结束演讲之后，看到一个男人在出口等我，他对我说："我喜欢听你演讲，但关于孩子到什么时候应该学什么的问题，你没有介绍一个清楚的节点。"我在那次演讲中谈到了父母对幼小的孩子持有怎样的期望是合理的。那个男人友好地问我：他1岁半的儿子到了刷牙时间仍然沉浸在某个游戏中无法停止，家长是否该让孩子停下游戏去刷牙？孩子多大时才应该学习到什么时间做什么事？我回答他："他会学的，只是现在不行。"我的回答让那个人失望了。我建议道："请把这种学习视为一项大工程。你现在的处理方式决定了以后如何与孩子一起做各种事情。你的儿子将从你树立的积极榜样中受益，比如镇定、耐心和幽默。你可以在这种时候使用一些聪明的小方法诱使他做这件事，他最终会按时刷牙的。"

你以父母的身份来处理这些棘手的事情，孩子会从你的处理方法中学习，并用在对付他们的小兄弟姐妹或幼儿园里的其他孩子身上，所以，你现在并非单纯处理一个相处的小危机，而是在打造一个可以良好应对所有事情的家庭环境。当你面临问题时，请记得你的孩子会学习你的处理方式，这些问题可能是如何打开酸奶杯，如何处理T恤上的污渍或打碎的玻璃杯，也可能是如何调节兄弟姐妹之间的争执。

如果你与孩子一起处理这些小问题，请向他们发出以下两个信号。

1. 大人应该如何解决问题

我在遇到困难时该怎么办？是要手足无措还是坚强应对？我能接受得住一些小小的挫折吗？这些问题也适用于成年人的生活。在工作中遇到问题时，我们最好对自己说："困难无法避免，但我正在努力。"而不是在办公室大声尖叫。

你的孩子将从中学习如何处理困难。

2. 有价值的感觉

孩子会在大人的影响下发展出一个对自我的固有印象，诸如自己是谁，自己好不好，自己应该如何面对并处理问题。如果你把一个孩子定义为"不好的孩子"，而且用不好的方式对待他（她），那么他（她）只会觉得自己就是不好的、没有价值的，也肯定不会努力做出改善，这是有些孩子给父母造成麻烦的重要原因。

被打击的孩子容易出现压力后遗症，比如有一些孩子在学校时会因承受压力诱发肚子痛，这源于他们正在心中与觉得自己毫无价值的感觉做斗争；还有一些孩子一遇到困难只会退缩放弃，日常表现也不佳。

你设定的这种基调会伴随孩子的一生，在他们成年后的生活中始终发挥着影响。一些孩子可能会认为"如果没有我的话，问题就能解决了"或"我没有一次能做好"。这是一个人内心深处总会发出的声音，这种情况相当普遍，很多人内心都存在这种痛苦。

日常生活中出现冲突时，你也许会这样说："你每次都得这么麻烦吗？连穿个鞋也成问题了？照我的话做！"你也可以选择深吸一口气，然后这样说："我们已经浪费不少时间了。我知道你想穿那双鞋，但我们今天先穿这双鞋吧。"第二种方式显然比第一种更容易被孩子接受。

你要为所有日常的小冲突设定一种基本的情绪模式。这种冲突在未来会有很多。想象一下你想成为怎样的家长，并为之努力。

应对紧急状况的指南

1. 注意与孩子的沟通。找出真正的原因并帮助孩子解决问题，如果产生冲突，记得不要把孩子放在对立面上。

2. 接受。每种感觉的产生都有其原因。孩子总能为自己的行为找到理由，你大多数时候无法理解这些理由，但最好尝试从孩子的角度看待问题。

3. 帮助。给予安慰，鼓励孩子面对并设法解决问题。陪着孩子一起做有利于解决问题的事情。帮助孩子走出困境，把他们的注意力转移到其他有趣的事情上。

不要把自己与孩子的冲突看作必须赢得的比赛。提醒自己，冲突需要化解，问题需要解决，强制孩子服输只会使事情变得更糟，这样做只有两种后果：孩子赢了，你一无所获；你赢了，孩子为此付出了代价，并在未来承受更多挫折。

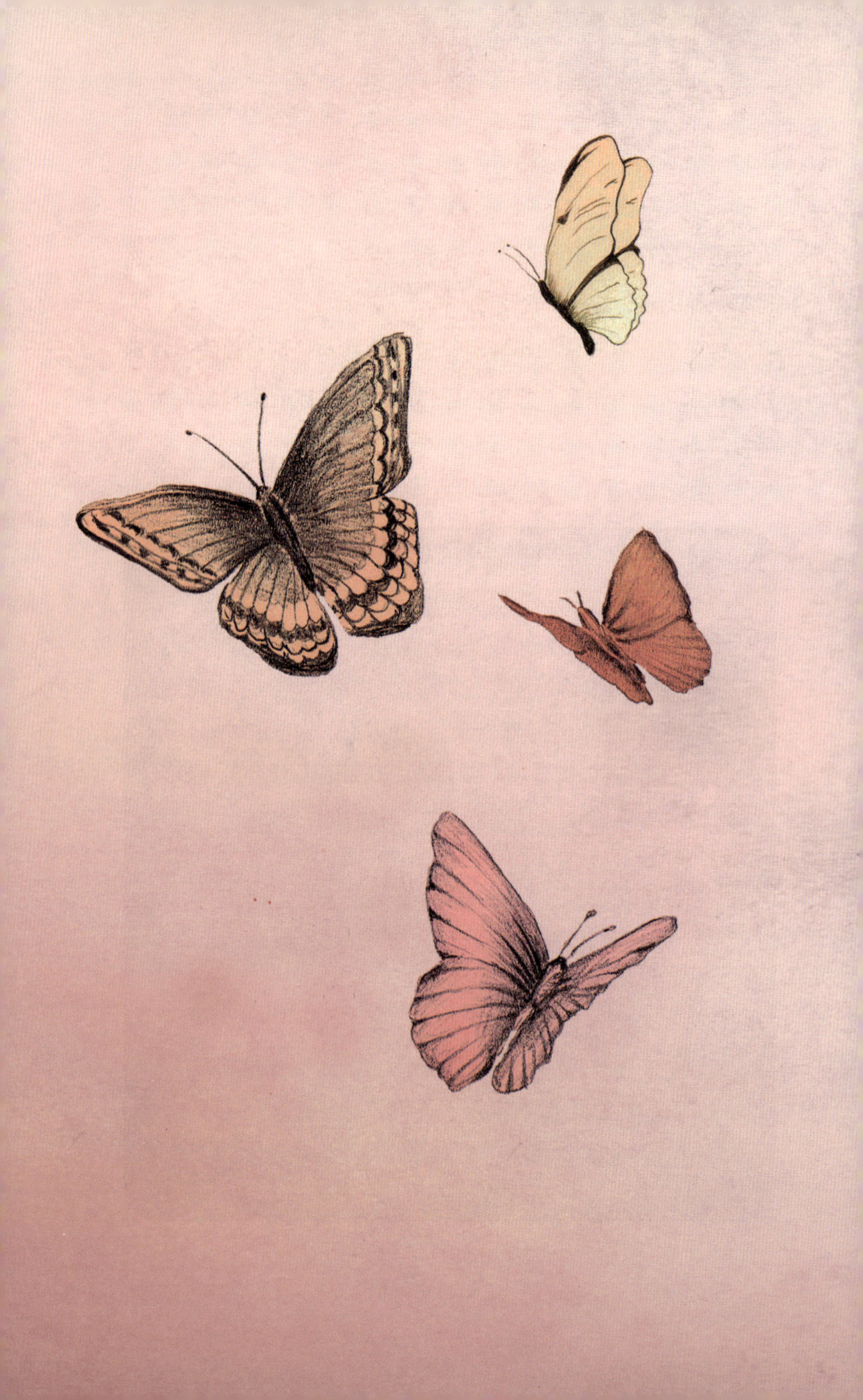

第七步

学会适当放手

人类本非为孤独而生，我们永远都在寻求陪伴，每当我们在生活中与人保持亲密关系，被拥抱或拥抱他人时，我们都会感到幸福，但这也使我们变得脆弱，无论是成年人还是儿童。如果最亲近的人对我们的感受没有给予足够的重视，我们就容易受到伤害。如果你有一段不愉快的感情关系，那种伤害会引起生理疼痛，并渗透到整个身体。

但是，如果没有皮肤接触和情感上的亲密关系，婴儿就无法正常成长发育，他们从一出生就在寻找并感受你的温度、呼吸和气味。婴儿趴在父母的胸口上感受大人的心跳时会变得很平静。

儿童需要由内而外获得安全感。他们最初从一个人身上获得的安全感，接着从两个人、三个人，以及更多人身上寻求这种感觉。当他们从一个人身上获得确定的安全感后，才会转而去其他人身上寻找。所有的孩子都将从他人给予的安全保障中受益，他们能够在这其中学习如何与生活中不同的人打交道，如何适应不同的环境，并且令他们相信，这个世界是一个值得居住的地方。

孩子出生后的24个月是开始适应陌生环境的最重要的阶段——对成年人来说也是如此。这时把自己的孩子交给别人照顾可能很难，尤其是当你就在离孩子不远的地方时。从另一方面来说，这也是孩子建立对未来的美好信心的关键时段。

因此我需要告诉你选择护理机构的注意事项，以及如何让孩子更好地适应这种新生活。因为你总要陪着孩子一起走进这个世界。

陌生人

孩子在刚出生的头几个月中，被不熟悉的人照顾或拥抱时不会有太多抗议，他们会和所有与自己亲密接触的人相处融洽。然而在孩子长到七八个月大的时候，情况会发生变化：在被不是很熟悉的人拥抱时，孩子会哭泣甚至尖叫。那些初期因为没时间而托亲戚朋友或者护理机构照顾孩子的父母会发现，孩子变得不喜欢自己了。有些孩子在特别小的时候由祖父母来照顾，后来突然回到爸妈身边，祖父母会感到不舍和难过，父母也会有孩子跟自己不亲近的挫败感，我遇到过很多对此感到愧疚的父母。但实际上，你不必太过自责，因为这种陌生感也会给孩子的健康成长带来良好的影响。

这种陌生感表明孩子已经学到一件事：在需要做出选择时，熟悉的永远是最好的。作为父母，你现在要做的就是给孩子更多的安全感，让他们逐步增强对你的信任。孩子刚刚回到你身边时的疏远是自然而然的事，不必感到羞耻或不正常，那样容易使我们从亲子关系中退出，以致更不能满足孩子的需求。

现在你需要一种挽回的艺术：不要给孩子施压，而是帮他们从其他成年人创造的安全环境中逐步转移到你所提供的温馨港湾中。多与孩子一起玩耍，拥抱他们，多多陪在他们周围，几周后，孩子对你的陌生情绪就消失了。

我在我的第一个孩子处于排斥陌生人的年龄段时必须参加一个考试，于是请了一个保姆照顾他。这个保姆尽了最大的努力与我儿子建立信任关系，但最终失败了。我仍然记得她当时说的话："对不起，但我真的不知道为什么会这样。"

她其实没有错，只是在跟一个刚刚建立起对陌生人的排斥感的婴儿打交道而已。后来我不得已将孩子送到住在奥斯陆郊外的姐姐那儿，我姐姐跟我长得很像，所以幼小的儿子接受了她，把她当成母亲的替代品。

放手太快

安全感的培养是一步一步的，需要时间，你不能把孩子像

> 新生儿最喜欢母亲的声音和气味。如果将孩子移交给其他看护人,他们需要一小段反应时间才能分辨出哪个声音是熟悉的、哪个声音是陌生的。但他们最终的信任是通过亲密的关系和皮肤的接触来建立的。

个包裹一样直接丢给其他人。首先他要去认识即将照顾他的人,他需要看到自己的爸爸或者妈妈信任这个人。这是一种逐渐平衡陌生环境的行为,绝不应该只是将哭泣的孩子塞进别人的怀里就转身离开,那么孩子还怎么信任你呢?孩子需要在你的帮助下建立对别人的信任,需要相信父母把自己放在一个正确的、安全的地方,这样做有利于他们更好地接受和依靠其他成年人的照顾和陪伴。

我曾经见过一个小女孩,她一到幼儿园就非常不舒服,总是拒绝上幼儿园。父母最终强行把女儿留在那里,她此后表现得很安静,也并不拒绝和其他人打交道。但是当我和她谈心时,她敞开心扉地说她一直感到很害怕。她的父母告诉我,从女儿很小的时候开始,他们就有意识地让不同的人抱抱女儿,他们觉得这样做很有必要,能帮助女儿结识更多的人并建立对他人的信任感,即使孩子8个月大时开始抗议,他们仍然坚持这样做。他们希望女儿可以与所有人好好相处,还认为不断更换新的保姆没有什么问题。他们觉得将孩子带到自己成年人的"大朋友"圈子里是很好的训练,并乐此不疲地带孩子见新的朋友。女儿经常哭着入睡,但父母却认为这样的方式要继续下去,毕竟她最终应该习惯与其他人打交道。

这最终导致小女孩虽然从外表来看能与所有人融洽相处,但从内心深处害怕陌生人,虽然感到不熟悉,但能在面对他们时表现得很好。

安全感的建立需要时间,应该逐步进行。可以先将孩子逐步地介绍给祖父母、侄女、邻居,然后再慢慢接触朋友和其他人,逐步扩大圈子。不应该让孩子太封闭,但也不应将孩子太快地推向他人。

过度执着

曾经有一位年轻的母亲告诉我,她觉得自己被牢牢地困在家里,每当其他人试图将他们 9 个月大的女儿抱起来放在自己膝上时,女儿就会哭。这个母亲觉得自己得一直带着孩子,不能丢下孩子逛街,甚至不能独自去洗手间,只能带孩子一起和朋友见面,孩子不停地要这要那,导致她无法与朋友交谈。她来我这里时看起来非常沮丧,因为这个"精力旺盛的孩子"而疲惫不堪。

进入一个新的、更大的社交圈，对孩子来说意味着利用交换的方式得到更多的爱。

♥

我们进行了更详细的讨论，我试着教她让女儿熟悉其他人的方法：将孩子放在别人的膝盖上，让她看着母亲与其他人交谈，并由母亲陪伴着和其他人玩一会儿，然后母亲再次把孩子抱过来。逐渐地，母亲和婴儿都学会了如何在不失去安全感的同时扩大熟悉的圈子。

女儿也有两大收获：一是明白了自己非常需要母亲；二是明白了"我与别人交往也没有问题"。如果母亲继续像以前那样事事不放手，她自己最终会在某个时候感到筋疲力尽，女儿也会变得更胆小。

一些孩子会放开母亲的手，冲进一个满是陌生人的房间；另一些孩子则会紧紧抱着父母的脖子不愿意松开。但是对所有人来说，成为一个社交圈子的一部分是生活中重要的事，也是很有好处的事。你要多了解孩子，帮助孩子接触其他人。但你也应该明白，当孩子对陌生的社交圈感到害怕时，不要强行把他们推进去，这无异于将不会游泳的孩子扔入海中。你必须帮助孩子熟悉水，教他们如何漂浮，鼓励他们，告诉他们肯定能成功，一切都会好起来。在这方面，有些孩子是天生会游泳的海豚；另一些孩子则需要时间来学习，去适应新的关系，并最终在社会交往中找到自己的位置。

单亲父母

如果你独自抚养孩子，上面那些话对你来说就更重要了。你和孩子在很多方面相处融洽，你们之间的关系也会更为亲密，但很容易就会太过亲密。时不时地改变视野对每个人都有好处，如果你是单亲父母，不妨变得更加好客一点，多邀请亲戚朋友到家里做客，让孩子接触和学习不同的观点、方法，听到不同的故事。

对于成年人来说，你的环境中还需要其他志同道合的人，如果仅与孩子互相陪伴，你在某个时刻会感到崩溃，这就好比即使炸鱼是你最喜欢的食物，可一天到晚总吃它也会令你崩溃——我自己也经历过这样的时期。无论是父母，还是孩子，都需要与其他人面对面接触，脸书等社交软件是不能作为替代品的。

没有什么可以代替人与人的直接接触带来的温暖和亲密。

入 园

我家附近有一个幼儿园。秋天暑假结束后幼儿园会再次开学,每到这时,我都会看到很多刚把孩子送来的父母特别放不下心,在幼儿园外徘徊,想看看孩子是否习惯。我自己也清楚地记得第一次把孩子送去幼儿园时的情景,以及与哭泣的孩子告别时的感觉。

突然把孩子交给别人照顾会很不忍心,但大多数人迟早要重新回到工作岗位。虽然很多人觉得让幼小的孩子接受托管是不符合自然规律的,但对孩子来说,这却是一件很重要的事情,他们需要结识其他孩子,其他友好的成年人也应该成为其交往圈子的一部分。一旦进入幼儿园,孩子就要调整自己的生活作息和步调去适应幼儿园,否则托管对于父母和幼儿园来说都不切实际。在这个过程中,唯一重要的就是安全,安全就是一切。

我认为孩子每天在幼儿园待多久并不重要,重要的是孩子在那里待得好不好。

更重要的是,孩子在那里是否有一个他们可以信任的成年人,在他们跌倒受伤或需要照顾时可以随时求助的人。让孩子上幼儿园就意味着让他们与另一个成年人建立新的纽带。

幼儿园硬件条件是否优越,室外有多少游戏空间,设施的外观如何,餐食的味道如何,这些都是次要的,重要的是父母要能认清什么才是真正适合自己孩子、能使孩子在其中开心健康成长的。

因此,对于幼儿园,我始终关注的是教育者是否关心孩子,能否正确帮助孩子解决生活和玩耍中遇到的各种问题。

适应环境

进入幼儿园是孩子生存状况的一大改变,他们需要花时间来适应。如果可以的话,刚开始不要让孩子待在幼儿园的时间过长,直到至少一名老师(或照顾孩子的人)令孩子感到熟悉和信任,并能给孩子及时提供照顾和安慰为止,只有这样适应环境转变的过程才算取得了成功。

一些孩子很容易和新认识的人建立联系,而另一些孩子却很难做到这一点。儿童的年龄及其相应的发育阶段也在这件事上发挥着重要作用,如果孩子只有 6 个月大,尚未进入排斥陌生人的阶段,那么通常会更容易适应,但这只是因为孩子尚未学会区分熟悉的人和不熟悉的人,并不意味着最好在孩子 6 个月大之前开始托育,毕竟孩子的排斥期迟早会到来,到时候每个参与照顾孩子的人都将面临困难。

在幼儿园适应期,让孩子注意到你对幼儿园老师的信任也非常重要,只有这样做,他们自己才更容易建立对老师的信任感。多与照顾孩子的人进行交流,并向他们表达欣赏和信任。

如果在初入园的阶段,你能每天花时间陪孩子在幼儿园待一会儿,那是很不错的,这样也会减轻你自己对孩子的担忧,必要的时候可以多待一会儿。这样的过渡阶段并不需要太久,然后孩子去上幼儿园这件事就会自然而然地成为家庭日常生活的一部分:每天都按时送去,开心地接回来,这是一件很美好的事情。

孩子在幼儿园有一个信任的人，适应过程会变得更容易。

♥

孩子不复杂

大多数孩子很快就会习惯这种生活，但仍有个别孩子会在幼儿园感到不舒服，他们会对抗、不配合，以致幼儿园的老师最终只能放弃，让孩子独自待着。一位母亲曾经告诉我，她的儿子在幼儿园时安静且内向，几乎被遗忘，他总是一个人待着，不与其他孩子在一起，每当她接他回家时，儿子总是自己坐在门后的一辆玩具车上。这位母亲在与老师交谈时得知，他是一个并不复杂的孩子，就喜欢这种简单的方式，但孩子从幼儿园回到家里后总是哭，让他上床睡觉或者平静下来则更加困难，甚至让他做别的事情也变得更难了。

她儿子在幼儿园的行为并不表明他就是一个简单的孩子，只是他不信任任何老师而已。在这种情况下，父母需要与幼儿园的工作人员好好谈谈，说服他们多关注多安慰这个孩子，在孩子与他们之间建立起情感的纽带。如果幼儿园的看护人员不同意，就必须寻找另一家看护机构。

> 一个好的幼儿园老师应该能够让孩子有安全感,并为孩子的成长及发展提供机会,引导他们学习新事物,安排他们按时休息。孩子在幼儿园需要玩具、尿布、规律的饮食、亲密接触和轻轻的拍抚——总之,孩子在幼儿园里也需要在家时能从父母身上获得的一切。

把孩子交给幼儿园

"也许我应该把其他事情先放一放,让孩子留在家里?"一个邻居问我。他站在我们公寓楼的后院,看着女儿在楼房的阴影里独自玩耍。他说他的孩子仍处于上幼儿园的适应期,无论是接送都非常艰难。女儿的老师认为即使这样,他们也应该按时上幼儿园,但他却觉得非常不适,他在离开幼儿园,听着背后女儿的哭声时,自己也哭了。他现在正打算推迟半年,等女儿大一点儿再让她去上幼儿园。

如果孩子抗拒去幼儿园,则表明他们尚未在新环境中找到足够的安全感,他们仍然缺少某种东西。我认为,对于父母来说,重要的是退后一步,与负责照看孩子的人聊聊,询问他们是否足够了解孩子,白天是否有足够的时间为他们服务。作为父母，你必须相信自己做的决定，你可以事先通过各种方法了解幼儿园和幼儿园里照顾孩子的人，看看他们是否给人良好的印象，然后坚持自己的选择：爱心满满地交出孩子，每天与孩子愉快地说再见，确保孩子能安心地待在幼儿园里之后转身离开。现在要面临最最困难的部分了：孩子在说再见时哭泣对你来说很不容易，可是如果你先离开然后又折回去，那么你也许给孩子带来了暂时的安慰，却给他的适应过程带来更大的阻碍，这对双方都没有好处。

请放心地把孩子交到照顾他们的成年人手中吧。

幼儿园老师需要知道孩子喜欢吃什么，什么事最能令他们开怀大笑、他们玩耍和睡觉的习惯，以及有什么东西能使他们感到镇定——他们需要从你这里了解孩子在家里的一切状况。然后他们会以自己的方式寻求与孩子的接触，并建立他们之间的关系纽带。

诸如"但是我们在这里应该……"这样的陈述不利于帮助孩子建立一段新的良好关系。必须将孩子视为一个独立的人，有自己个性的人，你绝对不能忘记这一点。

保持好奇心！

你还记得孩子出生前的时光吗？他（她）在妈妈的肚子里用小脚或小胳膊顶妈妈的腹壁，然后你将手放在腹部静静地感受。你是否还记得自己一直关注胎儿发育中不断出现的新信号，并密切监视着他（她）的成长过程？脖子在伸展，心脏在跳动，脚趾和手上的手上的指甲长出来了……我坚信，只要你拥有这些美好的回忆，就能够保持对孩子的好奇心，而不需要通过那些课程、网站和教育专家的培训去学习关于孩子的事情。跟随他们成长的轨迹，为他们所有的小小成长感到欢欣鼓舞，孩子发现和感知新事物时要认真倾听，陪着他们去感受，找出你对孩子真正的期望，探索那些尚未想到的事情。

保持好奇心！

然后，你就会找到了解孩子的正确的方式。

II

养育婴幼儿的几个重点

奥斯陆皇宫公园有树龄 200 年的巨大桦树和枫树,这些参天大树围绕着小池塘而生。夏天,鸭子在树荫下游泳,到处都有散步和休闲的人;冬天,人们低着头匆匆地走过积雪覆盖的碎石路。我喜欢在公园中漫步,看着在各个季节的晨光中推着婴儿车散步的父母们,有时会对他们微笑。

生育孩子就像一场免费的专注力训练。小婴儿一降临,就会立刻为我们的生活赋予不一样的意义,令人更加专注于眼前的基本事物。孩子使我们想起了本来已经忘记的一切,唤醒了我们看世界的双眼,令我们再次发现生活中那些奇妙的事情,以及围绕在我们周围的无数小奇迹:直升机的声音、树梢的高度、水坑的深度、被放得有点皱的漂亮苹果、石头中的一块样子独特的小石头……孩子教会了你一件事:最有趣的事情并不总在目标那里,而是在实现目标的路上。清晨,孩子这个毫无倦意的小闹钟总会早早将你叫醒,让你看到黑暗转向黎明的过程,那是多么令人惊奇。

孩子会让我们变得更好,只要我们有勇气做到这几点,你会得到很多回报:对孩子保持好奇心,去看孩子带你看的东西并保持宽容开放的态度,接受孩子为生活带来的一切改变。

接下来我要介绍以下一些和婴幼儿有关的具体事情:睡眠习惯、日常家庭生活模式、饮食、如何开始接触电子媒体,最后是语言习得,所有这些大大小小的事都属于这头 24 个月。我想在本书的第二部分介绍这些。

母乳喂养和辅食

婴儿在出生后的 4~5 个月里，会仅仅通过母乳使自己的体重增加一倍。在亲密的身体接触中进食会使婴儿感觉良好。对你来说重要的是避免其他事情的干扰，将智能手机放下，关闭电视，全神贯注地喂养婴儿并细心地照料他（她）。

乳汁和亲密接触是这个年龄段的孩子所需要的一切。

母乳喂养的原理

对于某些女性而言，分泌母乳是很容易的事情；而另一些女性则需要更长的时间才能达到正常分泌。我想强调的是，母乳喂养是非常个人的事情，别人的建议无关紧要。别人的建议可能有用，也可能完全没用。从长远来看，照他人的建议做事会浪费很多精力。

母乳喂养是母亲的第一项任务，如果不按时进行，母乳很快就会变得不足。你必须为自己找到正确的方法，放松，一步一步来，不要对自己失去信心。毫无疑问，这个过程很艰苦，可能会遇到各种棘手的问题，至少第一次是会这样的。我记得自己曾经参加过一次宣传活动，他们打着"世界上最自然的事"的口号，想让母亲们选择母乳喂养。但是打出这个口号并不代表母乳喂养是一件简单的事。实际上，母乳喂养可能会带来疼痛和不适，并且不少人会遭遇母乳困难。将母乳喂养描述为婴儿的灵丹妙药也是错误的。

生活中充满了痛苦的经历，需要我们用恒心去克服。

母乳喂养并不容易，但那是对婴儿的一项非常美好的投资。虽然用奶瓶泡奶粉也可以满足婴儿的饮食需求，但母亲如果能成功进行母乳喂养，还将免费获得很多重要的附加馈赠：体重自然下降，亲密的皮肤接触以及使母亲感到幸福快乐的激素。母乳喂养是完整的哺育过程，而给孩子奶瓶则只能算作给孩子提供食物，只是哺育的一部分，你还需要给孩子提供他们需要的其他各种东西，而且要全心投入。

最初分泌的母乳就是所谓的初乳，是黏性的，营养丰富，并富含可以抵抗疾病的重要物质。初乳伴随着美好生命的开始，它很珍贵，量很少，一般只会分泌至出生后的第三天，取而代之的是大量的普通母乳。但是，分泌大量的母乳需要等待一段时间，很多人带着那个平静安详的新生儿离开医院回到家，却发现婴儿变得不安，哭得撕心裂肺，那是因为他们饿了。

> 无论婴儿是在吃着母乳时入睡,还是吃完奶粉后入睡,都是正常的。对于新生儿来说,脱离乳头或奶瓶独立入睡还为时尚早,出生后的头几个月里,只需要注意细心呵护、增强亲密关系和乳汁喂养即可。

母亲的乳汁分泌量会在几天之内增加,涨奶可能引起不同程度的痛苦。如果孩子吸吮无力导致乳房红肿,或者当孩子需要不断吸吮否则就无法入睡时,你要知道,全世界此时还有成千上万的母亲正在经历着和你相同的事情。

当你感到乳汁在乳房里流动,而且每次母乳喂养都能满足婴儿的需求时,追乳阶段就已经过去了,你会感到很欣慰。如果你以前从未进行过母乳喂养,这个阶段可能会很困难,尤其是当母乳还不能正常分泌,而你又无比心疼遭受饥饿嗷嗷待哺的孩子时,那种感觉是非常孤独的,你将承受心理压力。这时请耐心等待,情况会有所好转的,母乳喂养期间释放的激素会进入母乳,出生的头几天孩子摄入的乳汁不多,这种激素会使他们变得更加镇静和有耐心。

如何使婴儿适应胸部

1. 找到舒适的姿势。坐或躺都可以，尝试找到让自己最舒服的姿势，这会让你感到放松，更有利于宝宝进食。

2. 用枕头支撑婴儿，使其头部位于与你胸部齐平的位置。宝宝应该俯卧于你的上半身，鼻子转向乳头。直立或侧卧的孩子很难吃到母乳，因为他还不能自己转动头部，必须直接躺在母亲的胸部上。

3. 最好先用乳头在宝宝上唇或脸颊上挠痒痒。这会触发婴儿的吸吮反射。如果他（她）张开嘴，请尽快将整个乳头和乳晕放入他（她）的口中。如果他（她）没有开始吮吸，请轻轻抚摩他（她）的脸颊。

有些人发现坐着进行母乳喂养最容易，另一些人则喜欢躺着喂养。最好有熟悉正确母乳喂养姿势的人在场指导，你也可以向助产士、母乳喂养顾问或你认识的人寻求帮助。

你的孩子将如何保持乐观？

无论孩子来自哪个国家、说哪种语言，表达的第一句话总是："看，妈妈！"与最亲近的人分享他们的经历和快乐对幼儿来说至关重要。当他们独自做到了某件事，他们在感到兴奋，当他们肚子有些痛，或遇到了某些意外的情况时，都希望与父母分享这些经历，以及由此带来的强烈情感。然后，许多父母会回答："做得好！"其实这并不是孩子最期待的回答，他们对你的评价并不感兴趣，只想父母真正注意到他们正在经历的事情并与他们一起分享感受。

这种对自己小小人生经历的分享会影响孩子以后的性格。父母带给孩子的感觉很重要，让孩子觉得一定要"做得好"会引发他们的恐惧感，从而想要掩盖自己的不足，变得没有勇气尝试那些看上去无法做到的事情，他们会变得胆怯，想一直待在能收获赞扬和认可的舒适区中。只懂得获得赞赏的孩子在遇到困难时更容易因为信心不足而选择放弃。

相反，让孩子明白尝试和犯错是通往成功的唯一途径，要一次又一次反复试错，大胆地练习一些事情，直到取得成功，这才是通往成功的道路。

如果你的孩子跌跌撞撞地朝你迈出第一步，不要说："你做得真棒！"而应该说："哇，你已经可以做到了！"

这句话听起来可能没有那么惊天动地，但你已经为孩子以后的生活态度打下了基础：悲观主义者会避免遇到困难；乐观主义者不会被困难吓倒，他会勇往直前，取得更大的成功。

第一种辅食

大多数父母会在婴儿 4~7 个月时给孩子添加粥状或糊状的辅食。一旦孩子习惯了辅食，就应该定期提供这些食物，保持习惯是最重要的。另外，用什么材料加工成粥糊并不重要，这取决于你家庭的习惯或你在育儿方面的知识积累。只要不是那些对孩子来说不健康的食物，都可以做给他（她）吃，但建议让孩子习惯你们的家庭用餐，给他（她）一顿饭，让他（她）感受一下家人的饮食习惯和口味。你也可以选择谷物粥和婴儿食品，但不能太单一。我自己准备了一个搅拌器，将一切宝宝能吃的东西都打碎，然后混入少许母乳，使婴儿更容易接受和习惯。这时母乳或奶粉依旧是婴儿的主要食物来源，所以不用担心是否需要时间来适应辅食。

每当我的大儿子坐在餐桌旁和其他人一起吃饭，他总会十分开心；而二儿子在看到自己勺子里的米饭或冰激凌不够多时，会拒绝张开嘴吃。你必须通过各种尝试来摸清孩子的喜好。

下面要介绍的是怎样让孩子熟悉不同稠度、口味和气味的食物，孩子应该对这些事情有足够的探索和了解。

一起用餐

1 岁的孩子面前的食物与餐桌上其他成员的都不同，所以孩子总想去抓取那些他们想要的食物,这种时候不需要太注意餐桌礼仪,让一个活泼快乐的孩子吃东西本身就是一门艺术。

一起吃饭很重要,而且很有价值,家人一起用餐为我们在日常生活中提供了一个可以面对面待在一起并互相注视的空间,我们可以一起谈论自己遇到的事情。孩子开始与成年人一起吃饭后,将以一种新的方式参与家庭的生活,即使一顿饭的时间不超过 15 分钟,这也是相当值得庆祝的活动。

刚刚学会移动的孩子会在餐桌上有很多新发现。陪孩子在餐桌前度过的时间是非常有价值的,他(她)和所有其他家庭成员一起组成一个团结的小集体,团聚在餐桌周围。

吃饱后,你甚至可以让孩子在饭桌边多待一会儿——毕竟,那里有一个世界可供他(她)探索。

没有什么景象比睡梦中的孩子更美好。

我们可以将飞船送往未知的世界,我们可以建造城堡和教堂,可以建筑堤坝,也可以将潜艇送入海洋深处,我们可以建起世界上最高的摩天大楼,还可以欣赏古代博物馆中最美的雕塑,但是,没什么比得上幼儿的安睡带来的静好更让人难忘。

温柔的呼吸,白色床单上半张的小手。

在人生旅途中,这是十分稀有的时刻,它会让人突然觉得自己是伟大事物的一部分。

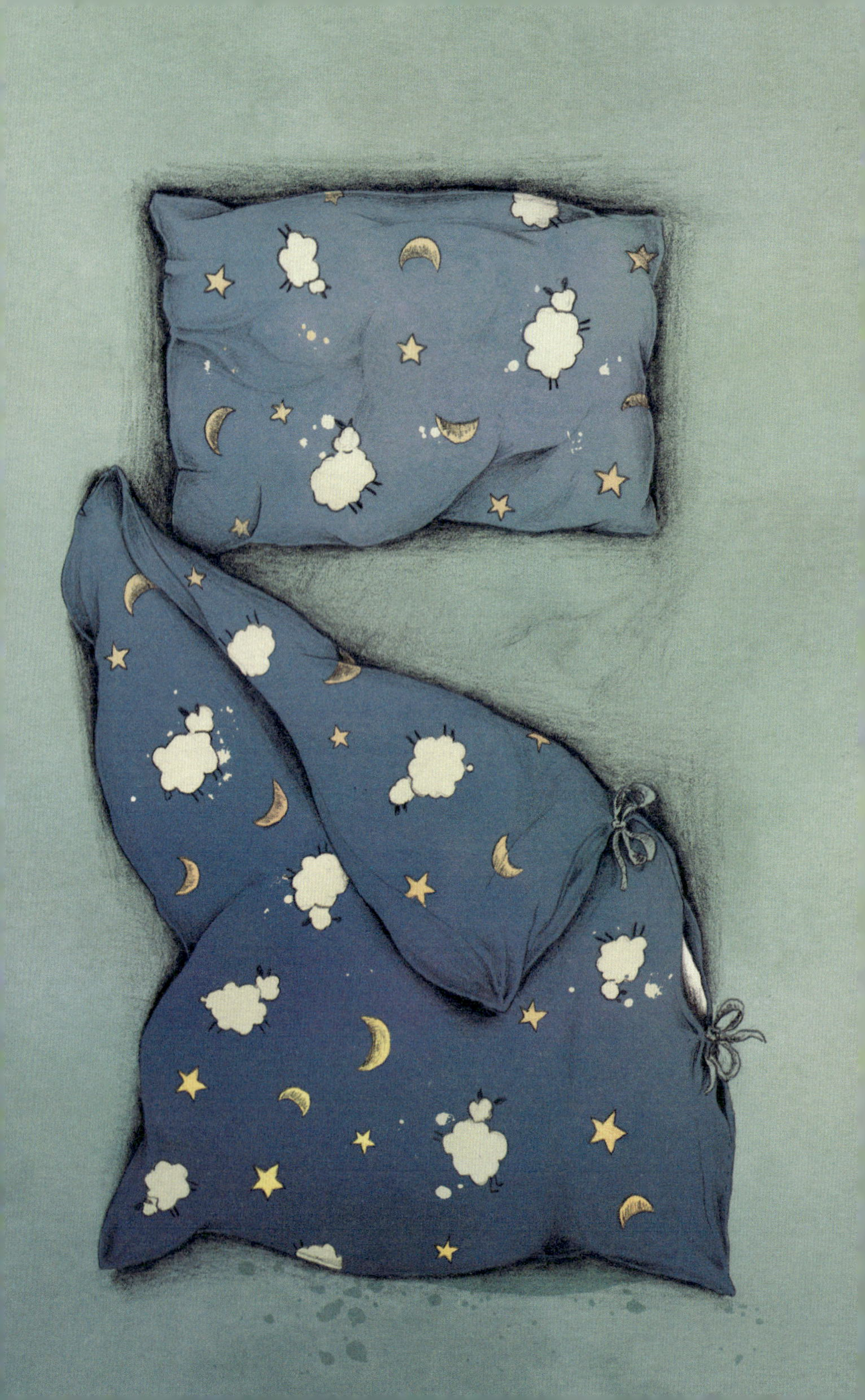

睡眠与节律

我的两个孩子曾经与一个印度保育员相处了几年。她名叫迪蒂,非常擅长与孩子们打交道——她很温柔,会炖煮美味的素食,还能组织一场完美的儿童节活动,并让这个活动在自己手中逐年发展壮大。有一次,我邀请她到家里做客,我们一起喝茶聊天。离开前,她询问是否可以看看孩子们是如何睡觉的。我把屋子里的杂物清理了一下,向她展示了我们在自己拥挤的卧室里给孩子布置的睡觉场所。她满意地笑着点了点头。我问她想知道什么。她回答说,她最不明白斯堪的纳维亚文化的一点就是让很小的孩子自己一个人睡觉,这个想法对她来说有些可怕。

很少有话题能够像睡眠问题这样触发强烈的反应,父母总认为有必要尽快让孩子去单独的房间睡觉。他们将其视为孩子独立的一种形式,并希望孩子不要一直在自己身边。我能理解这种想法,也不认为这种思维方式应该受到谴责。

婴儿的睡眠状态是大脑发育的外部显现形式。他们的麻烦和吵闹并不意味着他们会一直这样，只表明他们的脑细胞正在建立联系。

♥

睡觉的方式不应被预设，而应由我们自己决定。你也许认为孩子已经足够大了，可以自己在单独的房间里睡觉，但事实上他们并不能独自睡觉，你所坚信的常规在这时就不起作用了。你不必按照常规想法，认为 1 岁的孩子必须在自己的床上睡觉，很多时候这种认知并不正确。

我经常遇到一些父母，声称自己找到了让孩子自己好好睡觉的最佳方法，但他们通常只有一个孩子，我注意到，一旦他们有了第二个孩子，就几乎再也不会提自己所谓的奇妙方法了。

每个孩子都是不同的。也许你的孩子在出生几个月后就可以睡得深沉又安静，但要花费很长的时间才能入睡。每个孩子都有其独特的个性，所以放弃按照计划行事吧，先去好好认识和了解一下这个需要自己悉心照料的小家伙吧。

我很确定，每天晚上你的城市里都有很多很多儿童房是空的。因为婴儿需要全天候与照顾者待在一起，他们没法独处，十分依赖父母，需要你在听到他们需求的第一时间到他们身边陪伴他们。

整个家庭采取何种睡觉模式取决于你的安排，但最主要的是要想到不要把孩子单独丢在一边。

入睡困难

曾有一位瑞典诗人将苏醒比喻成降落伞，当你从睡梦中回到这个世界时，降落伞会打开，带你慢慢地轻轻降落，最终落到地面上。按照这样的比喻，那么入睡就应该是纵身跳下、猛然睡着的过程，然而事实上，入睡的过程可能更加困难。

有些父母会为自己的孩子没有像"其他所有孩子"那样睡觉或入睡而感到着急和担心，但睡眠困难是很正常的。如果你的孩子一时不能正常入睡，不要觉得孩子有问题，而应与所有家庭成员一起努力找出一个好的解决方案。如果孩子的入睡困难经常令你身心俱疲，耐心尽失，从黑夜熬到清晨，在做噩梦、换不完的尿布中苦苦挣扎，请记得：孩子需要你！

孩子在黑暗中感到孤独时会呼唤你，每当孩子需要你时，请及时给予他们安慰，让他们平静下来。

孩子的大脑需要做梦

新生儿通常每天睡 16 个小时，2 岁的孩子晚上需要睡 11 个小时左右，白天也需要睡觉休息。婴幼儿的睡眠多是有生物学原因的：在最初的几年里，他们的大脑迅速发育，大脑细胞开始协同工作、相互连接，在这个过程中，大脑也像计算机一样存在大量的"测试""纠正"，睡眠使大脑得到休息，它可以"关机"休息一下再"重启"，并为新的挑战做好准备。成年人也是如此，如果长时间没有足够的睡眠，我们的工作状态就会变得非常糟糕，我们会变得健忘，容易犯错，不能专心。睡眠对于婴幼儿来说更为重要，在多梦阶段——专业术语为 REM 阶段（rapid eyes movement，快速眼动阶段），脑细胞会活跃地互相联网。与成人相比，儿童的 REM 阶段要多得多，因为他们的大脑更加活跃。这个阶段的特点是睡眠更浅，因此孩子比我们更经常也更快地醒来，他们需要你的安慰来再次进入睡眠，找回自己的梦。

如果你能记住："不安静的睡眠是大脑正常发育的表现，这对婴儿非常重要"，就可以对孩子的入睡难多一些理解，为你的日常生活减轻一些心理负担，换一句话说，无论孩子的多梦阶段对你来说有多辛苦，都应该略感欣慰，因为宝宝的大脑正在这个过程中良好地发展。

对于婴儿很早醒来这件事，也许还有一个自然的解释：年幼的孩子早早起床，与看护人在一起度过宝贵的清晨时光，更有利于他们发展安全感。他们需要与你独处的亲密时光，清晨早醒在一定程度上能确保他们得到这段时间。

一些技巧

怎样做才能帮助孩子更好地入睡？首先要降低期望。在最初的几个月中，你在夜晚还要忙于喂养、换衣服和亲密接触这些事。等这段时间过去，孩子将逐渐拥有更长的睡眠阶段。在接下来的几个月甚至几年中，整个家庭的睡眠模式都将取决于你在与孩子的磨合中找到的那个节奏。

1. 刚开始时在同一个房间睡觉

孩子刚来到这个陌生的世界时是充满恐惧的，对他们来说一切都是陌生的。孩子需要你，需要你的气味和皮肤的温暖，需要你温柔的声音，想要听到你的心跳。刚开始时，至少在出生后最初的几个月中，你应该和孩子一起睡觉，这对孩子和成年人都是有益的。

2. 开发并养成习惯

人类是受习惯支配的动物，我们寻求安全感和熟悉感。按常规行事会让我们有安全感。尽可能让孩子在同一时间上床睡觉，这也可以防止孩子感到疲劳和绝望。观察孩子的特点，并找出可以上床睡觉的最合适时间，当到了这个时间点，你就可以唱一首固定的哄睡曲，或穿上熟悉的睡衣。培养一些固定的睡前习惯，比如进行睡前阅读，洗个澡，或者唱熟悉的摇篮曲，或做一些其他固定的睡前仪式。如何执行无关紧要，重要的是找到一个可以固定下来的形式，这种形式是很有效的睡前信号，可以让孩子明白：睡觉时间马上就到啦。

3. 找到睡觉的昼夜节律

孩子的昼夜节律是逐渐形成的。你可以对孩子施加一定的影响来帮助他们区分白天和夜晚，从而形成良好的昼夜节律。如果孩子在白天睡觉，不要为他提供完全黑暗且安静的房间环境。他们会逐渐习惯白天和黑夜不一样的事实，白天应该是明亮而嘈杂的，晚上则是黑暗而安静的。如果孩子在晚上醒来，可以和他轻声说话，打开昏暗的小夜灯而不是明亮的吸顶灯，并尽可能安静地喂食和换衣服。慢慢地，孩子就能学会什么时候该睡觉，什么时候该醒着了。

4. 久经考验的小手段

每一秒，世界各地都会有个孩子在父亲的臂弯里渐渐睡去，父亲发出舒缓的"嘘"声。孩子们一直都喜欢这种声音，这是让他们安静下来的信号：爸爸在这里，现在我们该安静了。在母亲的子宫中待了9个多月后，孩子们依然喜欢在大人臂弯里被轻轻摇晃，或待在可以摇晃的车里。我们喜欢有人和我们分享一切，即使在很小的时候，我们去了解一件事时也总会希望有人在我们身边，这种感觉从婴儿时代就开始存在了，我们总

> 新生儿还没有昼夜节律。会在白天随时随地感到疲倦,进而入睡。昼夜节律会在孩子3~4个月大时逐渐出现,并在4岁左右发育完全。幸运的是,儿童的睡眠逐渐变得稳定,每一觉之间的间隔也在变长,但是带孩子的前几年充满了挑战,因为小孩的睡眠通常是短暂的,他们正在寻找自己的昼夜节律。

希望自己属于某个社会圈子的一部分。这就是为什么我们喜欢有人轻抚我们的背部或头发,喜欢感受亲人的呼吸和他们身体的温暖——所有这些都在告诉我们:"你并不孤单。"

一首有效的摇篮曲里总会有很多"嘘"声,父母可以在哄睡时尽可能多地发出这种声音。

5. 切合实际

如果一家人在一起睡觉,请确保有足够大的床。睡眠对每个人来说都很重要,要提供一个舒适安全的睡眠场所,保证孩子不会掉下来或受伤。一定要注意,不要让孩子趴着睡!保证合适的室内温度,因为婴儿几乎无法调节自己的体温,只能依靠大人的帮助。如果孩子在单独的房间里睡觉,请在这个儿童房里为成人额外准备一张床。

6. 不要绝望！

你可能对孩子没有规律的睡眠感到绝望。养成规律的睡眠习惯是困难的，不可能在一夜之间完成。在世界各地的家庭中，孩子不能通宵睡觉都是很正常的，昼夜节律在 4 岁时才会发展成熟。看护人最好有一个帮手，可以轮流照看不规律睡觉的孩子，给孩子足够的耐心和安全感，使他们长大以后可以睡得更香。

那我的睡眠怎么办呢？

我曾遇到过因为睡眠问题而关系破裂的夫妻前来咨询。有些人对睡眠的需求和要求都很高，以致到了无法宽容身边伴侣的地步。而当你独自与孩子相处时，总是要应对小孩子短暂的睡眠间隔，感到痛苦不堪也没有人可以争辩。对于小孩的父母来说，根本没有自己的睡眠，只有"我们的"睡眠。我经常提醒新父母，孩子出生的头两年总会使家庭关系陷入紧张，事后一切都会好起来。在一起生活的人们总会多多少少影响着彼此的睡眠行为，因为大家是一个彼此需要的整体，要多多相互交流、相互理解，在一起，并努力做到一直在一起。

在过去，前来咨询夫妻问题的男性常会说"她只是待在家

> 我们有很多办法来帮助孩子尽快入睡，但没有一种办法适用于所有孩子。

<u>幼小的孩子夜晚爱醒，清晨早起。你应该用心关怀并安慰他们，而不是勒令他们好好睡觉。</u>

♥

带孩子，这很容易"，不过这种想法近年来似乎正在逐渐消失。与之相反，那些正在休育儿假的一方往往也会低估伴侣白天从事全职工作，夜晚又要醒好几次的疲劳感，大人的睡眠总要受到新生儿日夜颠倒的睡眠模式的影响。

对于所有因此类问题而前来咨询的夫妇，我提供的解决方案依然是：互相交流，互相理解，尤其是要告别"我的睡眠"的想法。取而代之，把睡眠当成必须共同处理的问题。

有问题的方法

去年，我做了一场关于婴儿睡眠的演讲。那是在一个小社区的礼堂里，第一个讲话的是个温柔的年轻女人，她有一个 7 个月大的早产儿，这个孩子睡眠很差，很难睡一个比较长的时间。家庭咨询中心坚持要求她使用一种叫作"放任孩子哭喊"的方法，就是任由孩子哭闹喊叫，不采取任何安抚措施，让孩子明白，叫喊是没有用的。这位年轻女子告诉咨询中心的助产士，婴儿经常呕吐，她对此感到担心，但咨询中心的助产士只是指导她擦去呕吐物并继续使用该方法。

我告诉她那么做是错的，简直大错特错。在呕吐之前，就不应该让孩子独自哭泣那么长时间。这对孩子或父母都是不好的。

后来在检查中发现，这个孩子的食管发育不良，就像许多早产儿一样，他有一些特殊的身体问题，导致第一年的睡眠质量不好。

这种强制性方法的缺点是，有些孩子哭累了，于是进入了睡眠；而另一些孩子则变得更加烦躁，更加依赖父母，这类孩子之所以经常躁动不安，通常是因为身体有一些不舒服，可父母却不知道。上面那种方法可能会诱使你做出实际上对孩子造成伤害的事情。

可以在平和的条件下尝试不同的方法和睡眠技巧，但要遵循健康常识。一定不能仅依赖自己的估计和想法，要依靠你所阅读或听到的知识，它们将帮助你履行作为母亲或父亲的责任，绕开育儿误区。虽然有各种不同的方法可以为你答疑解惑、指示方向，但孩子需要一套适合自己的常规模式，绝不能让某种单一的方法决定你处理与孩子之间关系的方式。

可以肯定的是，没有一种方法是适用于所有孩子的，目前并不存在经科学论证过的睡眠方法。对其他孩子管用的方法并不一定在你的孩子身上也起作用。很难说为什么有些孩子能轻松入睡，另一些孩子却不能。你的孩子有自己的特点，作为父母，我们必须承担起责任，确保孩子最终能够以一种使每个人都感到满意的方式休息和入睡。我经常让孩子趴在我的胸口睡，尽管这种方法不被提倡，但对于我的孩子来说，这是第一年中最有效的方法。

无论何时，无论使用哪种方法，最终孩子都会进入睡眠。

好兆头

在孩子身体状态发生某种变化的开始和末尾，他的睡眠状况都会发生某些异常。比如睡眠不安可能是感冒的征兆，但也许意味着孩子将要学会走路。

这就是为什么有的孩子在长时间良好睡眠后突然又发生睡眠混乱。

你可能也有过这样的经历：开始新的工作，或者思念某个人，或第二天早晨要参加重要的考试，每当有特别的事情发生，睡眠就会受到影响。

> 酒精会导致睡眠质量变差，深度睡眠减少，你更容易中途醒来。这个道理同样适用于接受母乳喂养的婴儿。如果妈妈喝了酒，睡眠质量变差，孩子的睡眠质量也会变差。如果你和孩子睡眠都有问题，请尝试戒酒，看看是否有所改善。

生命的头两年充满了孩子成长的各种里程碑，请将每晚的动静视为孩子新的发育表现。让你感到困惑和烦恼的事情，也许恰恰意味着某些值得高兴的事即将到来。

一切都会解决的

我时不时会和一个老朋友聊天，他总有时间聊天，很喜欢和我谈论他的儿子。在他儿子出生的头一年，他待在家的时间很多，经常带孩子出去散步，在给孩子换衣服和喂养方面也都做得很好，他白天与儿子相处融洽，但每到夜晚，他很难让儿子上床睡觉，儿子只接受母亲。如果晚上只有父亲独自在家，男孩就会惊恐地尖叫，对父亲又踢又打。我的朋友为此感到绝望，他说："每当我让他上床睡觉时，都感觉自己像个坏爸爸。"所有父母都会时不时地感到自己有所欠缺，这是很正常的，也是每个父母都会经历的。我建议他换一种角度来面对这种情况：将孩子的行为看作一种培养安全感的机会，而不要看作一种拒绝。每当这种情况发生时，他将绝望的孩子抱在怀中，在那里为儿子提供一个重要的学习机会，虽然见效缓慢，但最终一切都会变好，孩子会逐渐意识到父亲一直在他身边，不会离开他，还如此包容他的坏脾气，没有比这更好的了。

我最近又遇到了他，得知自从我们上次交谈以来，他一直使用这种方法。为了让快 2 岁的儿子接受父亲的哄睡，夫妻两人每晚都花费更多时间，而且大部分时间由父亲陪着孩子睡觉。与此同时，孩子的语言能力也取得了进步，可以与父母谈论发生的事情。"你不会相信的。"我的朋友对我说，"有一个晚上，我和妻子想知道我们当中哪个人更有能力让孩子上床睡觉时，我问他：'你现在想睡觉吗？'他看着我们说：'是的。'然后独自上床睡觉去了，10分钟后他自己睡着了，这真是一个奇迹！"

我没有告诉他类似的事情经常发生。当孩子准备好后，会自行开启新的步骤。父母可能会陷入日常工作和生活的压力中，以至于看不到孩子的发展。在一段时间内令我们无法忍受的事情会被我们逐渐淡忘，突然有一天，一切就都过去了，往日的烦恼被其他新出现的情况所取代。一些看上去无法解决的问题也会在一段时间后自行消失。当我看到这种熟悉的喜悦时，我心想，日常生活中的奇迹实际是最美丽的。所以，我只是点了点头，对他说："太棒了！"

只是短暂的一刻

直到今天，我依然记得之前陪儿子睡觉的场景，仍然记得孩子还很小的时候的那种感觉，在他们的四肢突然松弛，进入睡眠的那一刻，我会多么感动。你应该将这样的时刻牢记在心，意识到彼此密切的情感纽带，它们都是最美好的回忆。

无论发生什么。

终身阅读！

读书给孩子听。这是简单的，也是最好的建议之一。大声为孩子朗读——即使你自己从未朗读过，即使你不太满意自己的声音，即使在你自己的童年时代没人给你读书，都请竭尽所能帮助自己的孩子在一个多姿多彩的故事世界中成长。故事中会出现新的词语、奇妙的事物，可以引发孩子的思考。请让你的孩子在一个充满书籍的世界中度过童年，他们会逐渐在故事中找到自己的世界，从书中获得安慰和自信。当孩子成长为一个活泼的10岁少年，渴望自由和安全时，书籍将会为他提供一个神奇的自由世界，就像彼得·潘的世界一样，这是成年人无法剥夺的自由。在青少年时期，这些书将帮助孩子明白并获得一些刻骨铭心的感受：被人伤害时感到的心碎，被朋友背叛时感到的难过，等等。书籍会引导孩子找到自己通往成年时期的正确道路。书本向孩子描绘了其他人在面临相同的事情和痛苦时的经历，让他们明白，自己虽然成了这个脆弱世界的一部分，更大的世界的一部分，但他们依然有一个只属于自己的角落——一个秘密的心灵幻想洞穴。书籍是人类无可替代的朋友，你应该在孩子整个童年时期都给他读书。

在孩子很小的时候，大声朗读的意义超出了所有语言。这意味着和孩子共享的时光，成年人和孩子一起目睹、思考和体验同一件事。是否阅读完整的故事以及孩子是否理解都并不重要。重要的是当下，你们在一起，阅读。

　　当孩子听累了并且注意力分散时，你应该停下来。他们快2岁时，会对那些曾和大人一起翻阅过的书理解得越来越好，印象中的那些单词会浮出水面，变成句子，形成故事，他们花在阅读上的时间会越来越多。有一天，你的孩子会为自己读书，但是在此之前，你应该为他大声朗读，与孩子坐在一起，全身心陪伴他们，一起沉浸在书籍的世界中。

语　言

　　在我眼中，获得语言就像是第二次生命、第二个奇迹——就像重新认识孩子一样。孩子脑中的词语逐渐成形，突然像无数小绒毛一样炸开，很快就用颜色填充了父母和孩子之间的整个世界。看着孩子学会语言是一件非常激动人心的事情，它会改变许多事情：语言使我们脑中的图像鲜活起来，唤醒了更丰富的想象力和更饱满的愿望，它填平了思想情感与外界沟通的鸿沟，将现在、过去和未来联系起来。它使我们与周围的人更加亲密，为大家能够彼此共享一切打开了大门。

　　孩子先接触语言，然后才能使用语言。他们需要认真思考并进行大量练习，才能使用合适的词语来表达并正确发音。孩子在出生后的半年里，已经可以将语言的内容与意义联系起来；在仅仅一年多的时间里，就能知道许多等着他们去使用的词语，然后量变引发质变时，那些词语全部涌出。幼儿的词汇量到将近 2 岁时会迅速增长。他们每天、每周都在学习新的东西，这使他们充满希望，能够进行更多的思考并拥有更多的梦想。

像许多1岁的孩子一样，我的大儿子在那么大的时候最喜欢他的鞋子。鞋子是通往外面世界的门票，穿上鞋子走路会更安全，既可以走，也可以跑，还可以到有汽车、狗和鸟的地方去，因此他说出的第一个词就是"鞋子"。当他遇到喜欢的东西或者有探索的渴望时，会抬头看着我说："鞋子！"但他暂时还说不出更多的词汇。之后他又说出了几个新词，这些新词对他来说虽然有些困难，但都不是特别重要，例如汽车、卡车。在接下来的很长一段时间里，他词汇量的增长都很缓慢，甚至一个星期也说不出一个新词。直到6个月后，我们来到商场，他坐在购物车中，怀里抱着一个可爱的玩具。他在车里坐了好一会儿，突然看着我说出了一句话："柔软、美丽，就像小猫一样！"他显然为自己居然可以说出这么复杂的话而感到很自豪。我完全被惊呆了，他突然说话了！

孩子在18个月大开始拼凑词语时，语言能力会迎来一个爆发期，孩子突然间就可以表达很多东西，能说出的话语甚至远远超出了你所听到的和想到的。这时孩子虽然还不能稳定地运用语言，但就在突然间，一切都准备就绪了！当你发现可以运用语言来跟孩子进行交流时，一段美好的时光就要开始了，会说话的孩子越来越接近一个功能健全的人了。

有些孩子会说话的时间会比其他孩子晚一些，但少数父母在最初急于让孩子用正确的单词和句子进行对话。有一次我去

> 你的孩子在家庭中听到的那些语言——聊天、阅读、词汇游戏和歌词，都是很好的，不需要让1岁的幼童进"语言学校"学习，他只需要一个愉快、活泼、喜欢用语言进行交流的家庭。

拜访一位母亲，她的儿子已经3岁了，却还不会说话，母亲和医生都对此感到担忧。在只有母子两个人居住的公寓里，我意识到这个母亲有多温暖和善解人意，她对儿子的所有要求都理解得很快，这就导致两人之间说话太少了。每当儿子有什么需求时，她根本不需要儿子表达就会了解，在儿子努力地想要说出来之前就知道他想要什么。而且对于这个母亲来说，和一个从不会回答她的人说话很不自然，所以她也很少跟儿子说话。儿子没有上幼儿园，所以几乎没有和其他孩子相处过，只和母亲待在一起。

激活他的语言能力很容易：母亲开始问他问题并给他时间回答，他们两个一起翻阅图画书，并讨论里面所看到的内容，一段时间后，儿子突然就会说话了。不久之后，他便赶上了同龄的孩子。

认真对待孩子

我打出生起就总是眯着眼睛。我的父母似乎觉得这很糟糕,他们尽一切努力来纠正这个错误。我在很小的时候就总戴着一个眼罩,而且我很清楚地记得,我经常被他们带着去拜访城里的眼科医生。我很早就意识到自己出了些问题,我是一个天生有缺陷的小孩。

当然,我不想成为有缺陷的人,所以总是在眼科检查时作弊。当时这些测试还不是很成熟,我很快就能猜出成年人想要我回答什么。毕竟,这是一项测试,一项关于视力的测试,我想通过它。我说房子、狗、花等。我太擅长作弊,以至于每个

一起欢笑!

笑是通往孩子心灵的最短途径。当你们一起大笑时,即使最小的孩子也会感觉得到你们属于彼此,在共同分享这一刻。从孩子在 8~12 周出现第一次微笑的美好时刻开始,你就应该尝试着感受孩子的笑点,找出能使他发笑的原因。学动物叫的大人?一个消失后又突然回来的洋娃娃?一个奇怪的鬼脸?找出对孩子来说有趣的事情,然后和孩子一起笑。

这是非常美好的事情:小孩觉得和父母正在共享某些只属于你们的东西。

> 孩子满11个月时，已经知道了大约50个单词，即使还没有说出来，他也已经知道那些单词的意思了。大多数孩子从1岁起开始说出这些单词，当然一些孩子说话早一些，另一些则晚一些。

♥

人都认为我可以看得很清楚。

没有医生试图与我交流，没有人坐下来向我解释病情，没有人陪我做游戏来缓解我的恐惧。之后每当我想起这些事，都会生出一种奇怪的感觉。当时我只是不想在测视力时说错标准答案，没人告诉我测试是为了检查，不是为了考试对了多少。

如果你不能对孩子足够清晰地表达自己的意思，他们就很容易把它们理解错。清晰的陈述很重要——用孩子可以理解的语言。我读过一本有关美国儿童电视偶像弗雷德·罗杰斯的书，他早在20世纪70年代就非常重视对儿童说话的方式，总是不断修改自己的台词，直到最适合小观众理解为止，这使他的同事感到惊讶：其中没有任何含糊不清的表述，一切都简单、清晰、真实、积极。他曾经因为他的一个演员对洋娃娃说"别哭"就中断了节目的录制，因为罗杰斯坚信，永远不能对孩子说"别哭"。他认真对待孩子们的语言和情感生活，保留孩子们在童年时代的真实模样。这并不容易，但对孩子来说最合适。

当孩子大喊"还要"时，请注意，你可以配合他们的需要再次说或做某事。孩子在这方面与我们不同，他们喜欢重复，对他们来说，对同一件事连续重复是很棒的。

两种语言

许多孩子在双语环境中长大。能流利且水平均等地使用两种语言对孩子来说是一件了不起的礼物。如果从一开始父母就在家庭中平均地使用两种语言，那么孩子就能毫不费力地讲它们。为了实现这种双语能力，无论聊天、唱歌、朗读、玩耍还是说一些安慰的话，在与孩子交流时，都要使用两种语言，真正的双语培养对父母有着很高要求。

另一种情况是，孩子先学会一种语言，再学习另一种语言，这意味着孩子会在相应的安排下学习第二语言，其作用机制与一出生就开始在双语环境中成长又有所不同，孩子将先以一种语言进行思考，做梦时也是先用第一语言，在这个过程中再慢慢学习使用第二语言。两种语言之间的切换需要积极的行动，

词语会像气泡一样纷纷冒出来。在1岁半~6岁之间，孩子平均每天能学9个新词。

♥

> 与孩子说话是对孩子学习语言有帮助的事。孩子们一开始不会用语言回答,而是用微笑、声音或肢体语言回答。当孩子第一次给出微笑的回应时,父母就应该为孩子的这种小小的交流腾出空间,并及时答复他们。这是语言发展的最佳温床——语言就在我们人类之间的互动中成长。

这种情况对孩子在日常生活中的语言环境提出了更高的要求。

没有能轻易就学会的语言,无论是从成年人的角度还是从孩子的角度来看,双语总意味着要付出双重的努力。但是,如果家庭里有双语的环境和条件,或者有对双语能力的需求,都将会给孩子未来的人生带来真正的好处,掌握多种语言能为人们打开更多大门。

出色的自我评估

　　孩子最先只能在地板上匍匐前进，然后会爬，再之后尝试借助各种东西把自己拉起来，学会站立、行走和奔跑。在某些时候，你会注意到孩子有一个很棒的"装配错误"，那就是2岁以下的孩子总会高估他们的能力，比如认为即使脚没有离开地板也可以跳，或者认为自己具有平衡能力，能够在狭窄的边缘保持平衡，在陡峭的斜坡上奔跑，还会试图越过他们自己根本无法跨过的距离。只有4岁之后的孩子才能像成人一样走路和奔跑，爬楼梯或在没有搀扶的情况下越过障碍物，在此之前，孩子们所做的一切运动都是有风险的。他们的这种过度自信简直太不可思议了——但这是有原因的。

　　它促使孩子们去尝试他们本来可以忽略的事情，这是成长过程中强大而必不可少的动力。孩子必须大胆一些，但很不幸的是这使他们更容易发生事故。我永远不会忘记我的大儿子18个月大刚学会走路时的场景：他小小的身体还无法保持平衡，但他的前进步伐却越来越快，以至于我还来不及追上他，他就掉进了喷泉里。我将湿漉漉的他从水里捞出来时，觉得自己很幸运，因为我看到了正在发生的事情，但这件事提醒了家长们，你不应该忽视这个年龄段的孩子。

　　你的孩子将继续以极大的热情孜孜不倦地尝试新事物，并

且不断获得成功——你应该允许他们这样做,孩子需要这种"我可以做到任何事"的感觉。

　　但作为父母,保护孩子,使他们免受伤害仍是我们最重要的任务。你需要清楚地意识到孩子在这个年龄段评估自己的能力有多差。

家　庭

你的每个孩子都会对你产生影响，扩大你的心胸，打乱你原来的日常生活节奏和对未来的规划，改变你的家庭状态。有些孩子身体健康，有些会有意料之外的问题。这个孩子是如何来到家庭中的，年长的兄弟姐妹如何与这个小小的新人打交道，都会对我们的家庭发展产生重要的影响。

顺便说一句，"我们"是我所知道的最美丽的词！成为一个家庭意味着成为"我们"。

家庭秘密

所有家庭都有其或大或小的秘密。就我所知，在挪威的某个隐蔽的小地方，有个家庭拥有自己的秘密：他们的孩子是印度的代孕母亲所生，因为孩子的父母无法以其他的方式生下孩子。夫妻俩因为这件事倍感压力，他们不希望任何人知道这件事——但孩子应该知道吗？

把压在自己心头的秘密讲给我的家长常常会说："孩子对此一无所知。"然而，在我20年的职业生涯中，我从未遇到过完全不会怀疑的孩子。他们总会注意到某些不太一样的东西——孩子的感觉非常灵敏，事情中有一点点不自然的地方也会被他们捕捉到，当然他们的感觉有些时候是错误的。在这一点上，孩子和我们成年人一样：不喜欢被骗，尤其讨厌被亲近的家人欺骗。

人总会在某个时候想了解自己到底来自哪里，了解自己的历史和血统，越早让这些敏感的秘密成为家庭的历史越好。如果在一个家庭里，孩子不被允许谈论太多关于自身的某些事，他们就会感到不自由。对重要的家庭事务保密会让人产生不确定性，让孩子感到不安，而且孩子也应受到保护，不应让他们陷入父母的问题和忧愁中。他们需要父母主动解释，父母也只有这样做才能帮助他们理解、接受并更好地面对以后的生活。因此，我建议从一开始就将真相逐步透露给孩子，并始终关注孩子的反应、想法和提出的问题。

如果孩子是被收养的，那么"我从哪里来"的这个家庭故事就会与别人有些不同，但它仍是一个美丽的故事。面对和接受真相是使孩子在未来相信自己的前提。

兄弟姐妹之间的嫉妒

对于年长的孩子而言,新生婴儿总是一个威胁。因此,父母需要明智地做好应对的准备。比如不要在婴儿出生前一直谈论他,可以和大孩子一起感受肚子里的动静,读一本有关兄弟姐妹的书,并为家庭的发展壮大感到高兴。

4岁以下的孩子很难想象什么是未出生的孩子,那对他们来说太抽象了,他们想象中的婴儿与真实的婴儿是不同的,所以当婴儿出生后,这些新晋的哥哥姐姐会感到惊讶。你所能做的就是用语言给大孩子介绍婴儿到底是一种怎样的存在。

刚出生的婴儿还不会对家里大一些的孩子构成威胁。我永远记得,自己带着刚出生的小儿子从医院回到家后,他的哥哥睁大眼睛看着这个小家伙:"就这样吗?他什么都不会呀!"弟

> 年纪大一些的兄弟姐妹可以照顾小婴儿吗?答案是否定的。一个2岁以下的孩子太脆弱,太容易受伤,他们精力旺盛,行为难以预测,往往让人筋疲力尽。12岁以上的孩子可以短暂地照看婴幼儿,因为儿童和青少年很难以饱满的热情和责任感来照顾婴幼儿。此外,3岁的孩子可能会趁机袭击在他们看来是"入侵者"的更幼小的孩子。

弟只会打嗝，哥哥对他非常失望。

在最初的几周内，你应确保给大一些的孩子留出足够的时间接受新的小成员。你最好延续他们之前的日常生活，上幼儿园，探望祖父母，做那些他们每天都要做的事。充分利用路上的时间，与他们交谈和彼此接近。

真正的竞争会发生在最小的孩子长大一些，需要更多的空间和父母的注意力的时候，一般从 2 岁开始。在最小的孩子的头 24 个月内，你应该让大孩子去更多地了解大家庭美丽的一面。孩子热爱有伙伴的集体，这也许就是拥有多个孩子能为家庭带来欢乐和幸福的主要原因。

双胞胎，三胞胎，甚至四胞胎

双胞胎很少见，只有 1.5% 的概率。对于那些同时孕育两个孩子的母亲，日常生活又会有很大不同。整个怀孕过程以及孩子出生的过程会比别人更加困难。接下来家庭里同时出现两个甚至三个孩子，妈妈更会面临与众不同的生活体验。

即使这样，大多数双胞胎父母也都应对得很好。他们在各种压力下学会了如何把握日常生活，并热爱自己创造的两个或更多的奇迹。

也许有的夫妇没有生下双胞胎，而是养育着两个不同年龄的孩子，虽然这会使养育孩子的劳碌感翻倍，但也要找出适合每个孩子的交流方式。对于双胞胎的父母来说,最初的几年很艰难,可随后的回报却是巨大的:在孩子到了三四岁时,家里的日常生活就开始发生变化,孩子们总有合适的玩伴,而且永远不会孤单。

我建议双胞胎父母从经历过同样事情的其他人那里获取支持和建议,从选择合适的婴儿车到母乳喂养等各方面的经验都是很重要的。来自他人的实际帮助不仅重要,而且很有意义。双胞胎的母亲更容易患产后抑郁症,因此为她们提供缓解情绪的建议和对日常生活有益的解决方案尤为重要,要让双胞胎的父母明白,他们的生活会在几年后与"其他家庭"一样,只是需要一些时间。

意外的兄弟姐妹

如今,许多家庭拥有"与众不同"的历史,也许父母中的其中一个或双方带着和以前的伴侣所生的孩子重新组建家庭,这可能意味着幸福,你们会成为一个新的"完整"的家庭,但这也对新家庭的平衡提出了很高的要求。

一个很出色的14岁男孩已经来我这里治疗了一段时间。他一直是个友善而专注的学生,后来却变了,经常与成年人或同学发生冲突。他的老师认为:"这只是十几岁孩子的正常行为。"但男孩的这种行为问题越来越严重,甚至超出了人们的想象。

他这样做的原因很简单，只不过自己还没有意识到。在过去的一年里，他的父亲和母亲都有了新伴侣。这个男孩原本一直是独子，是大人关注的中心，现在却感到自己是多余的，从最重要的人变成了一个对任何人都不再重要的人。他还觉得现在和他一起生活的新家长虽然喜欢他，但明显还是更喜欢自己亲生的孩子。对于这个年龄段的男孩来说，这是难以承受且令人害怕的事情。

因此，当你和新的伴侣有了孩子并感到满心欢喜时，请不要忘记关注你的大孩子。确保他们还可以继续与你拥有只属于你们自己的相处时光，也请新伴侣不要忽略他们的继子女。要想防止孩子感觉像个局外人，保持家庭的平衡是非常重要的。

和孩子一起旅行

　　如果有足够的时间和金钱与孩子一起旅行,那么这项活动对全家人来说都会是很棒的经历。但是,这种假期与没有孩子时的假期有很大的不同。在头 7 个月中,只要能与父母在一起,孩子就可以很好地应对地点的变化,几乎不会注意是否换了一个新地方。等到孩子再大一些之后,他们对环境变化、新的声音和气味、新出现的人就会做出更强烈的反应,通常需要一些时间才能在新的地方平静下来,重新找到节奏。因此,带婴幼儿旅行的经验法则是,尽量减少环境变化的次数,可以在同一个地方至少待三晚,让孩子有足够的时间适应环境的变化,并在接下来的旅行中保持相对的稳定。

　　·旅行前考虑必要的疫苗接种。带着未接种疫苗的孩子进行旅行是非常危险的。如果孩子尚未接种规定的全部疫苗,那么就请咨询儿科医生,进行风险评估。孩子在国外旅行时突然感染百日咳或麻疹可不是什么有趣的事情。查询好距离旅行目的地最近的医院,记下他们的电话号码,避免在紧急情况下寻找医院。待这些准备都做好之后,你就可以放松身心享受假期了。

　　·带上孩子熟悉的东西,例如食物。你也可以让孩子在旅行时尝试新的食物,但只能

作为尝鲜，要带上足量的孩子喜欢的食物，这样可以避免在旅途劳顿中还要给孩子寻找食物引发的互相抱怨；也应该在行李中放一些孩子喜欢的玩具和书籍。这一切的准备工作都在向孩子传达安全感的信息。

· 有计划地打包行李。再热爱自由的人也需要良好的计划，旅行中全面的计划尤其会让你感到方便，围兜、尿布、湿纸巾、一袋葡萄干、绘图板或其他有用的东西都可以在关键时刻发挥巨大的作用。

· 尽量避免那些会打破你们好不容易建立的日常节奏的旅行。当有孩子和成人同行时，前往不同时区的目的地的旅行会让所有人压力倍增。与孩子习惯的就寝时间相冲突的目的地可能会给家庭旅行带来巨大挑战。在做行程计划时，请考虑孩子的需求。

· 请做好心理准备：对孩子来说，旅行可能让他们筋疲力尽。作为家庭旅行中的成年人，你一定要注意旅途中的休息，因为孩子在旅途中会比在家里时更需要照顾，而且在航班或火车上，在搬运行李箱和婴儿车的混乱中，所有家庭成员的好心情都很有可能被消耗殆尽。记得全家人要在旅途中互相理解、互相支持。

· 当食物、睡眠和健康都正常地发挥着各自的作用时，

旅行会是一次美妙的经历,可以进一步增进家庭成员之间的亲密关系。一起旅行能使全家人更加团结。

· 在旅途中,你要像关注与孩子的相处一样关注与家庭中其他成年人的相处。

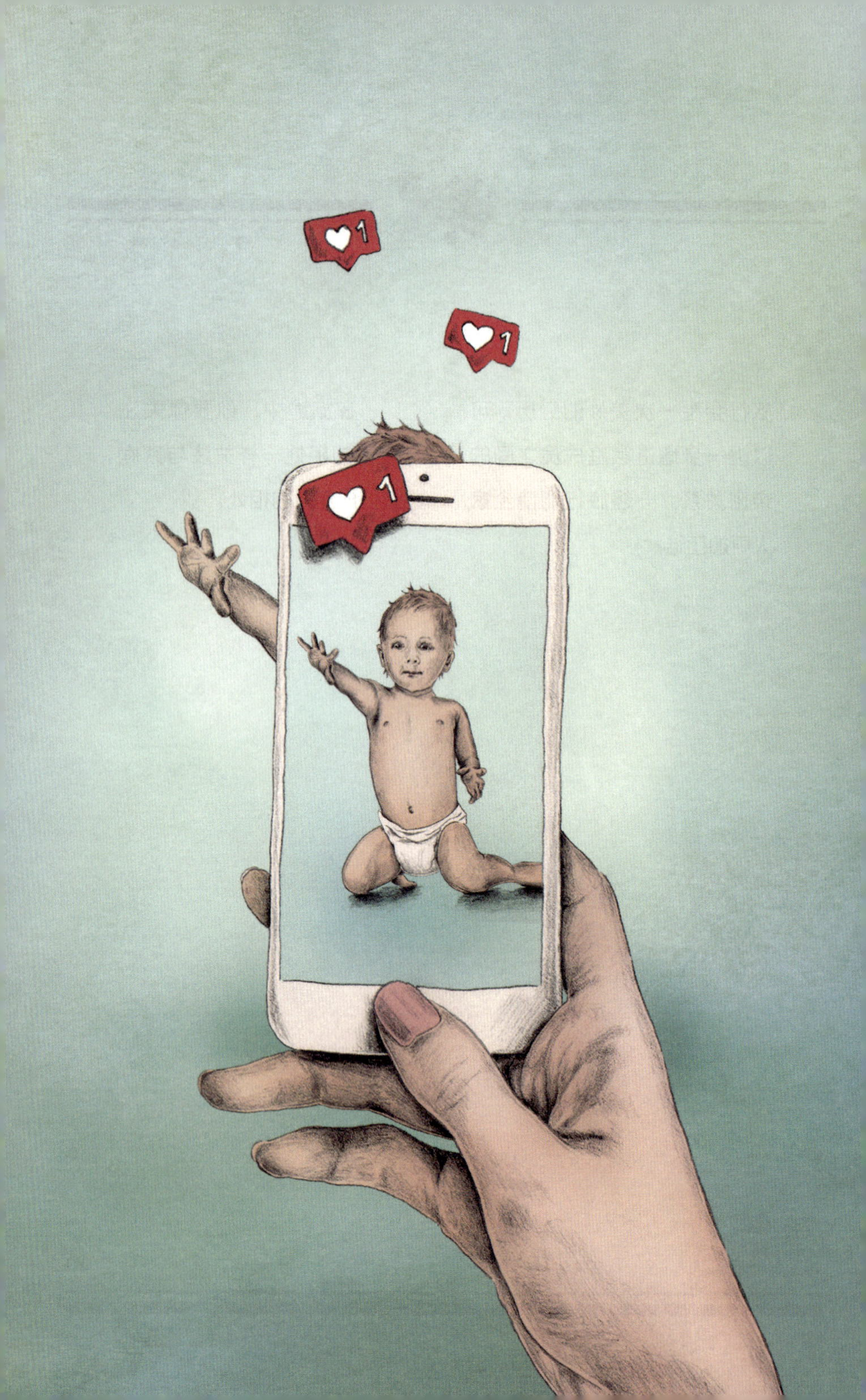
1
1
1

社交媒体

孩子需要看到大人的脸，需要眼神的交流。当机器在建筑工地上轰轰工作时，当嘈杂的电车经过，或闪着警笛的警车在街上飞驰时，孩子就会观察你的反应。孩子看到你的微笑，就会觉得你对某件事感到满意，他们也会观察你如何结识新朋友，如何与他人打交道。可以这么说，你就是孩子的指南针，而且你会发现，每当他们盯着你看时，就是在思考"发生了什么事"，孩子会通过研究你的反应来了解世界。

所以要让这个年龄段的孩子坐在婴儿推车中，便于他们随时能够看到你，他们从你脸上观察到的信息越多，越会对他们的成长和发展有好处。

但手机往往是个问题，它夺走了我们看向孩子的目光，窃取了我们的注意力，打断了亲子之间的交流。在这个新的时代，我们的形象是这样的：母亲将孩子放在跷跷板上，让他们自己呆呆地坐在上面，她自己却看着智能手机上的新闻页面；父亲将婴儿车放在自己面前，可眼睛却盯着手机。不要忘记，孩子需要你陪他们一起经历发现之旅，需要你和他们一起观察这个在你看来并不重要的世界，如果你没有用心地和他们分享这些时刻，孩子就会感到孤独。你们一起做的每一件事都能让孩子感到快乐，对于玩跷跷板的小孩来说，重要的是父母陪着他们一起体验上下晃动的快乐，而不是借助你的帮忙让他们自己玩。

我自己也非常享受数字媒体带来的一切便利和新的机会。但是手机夺走了我们过多的注意力也是事实，成年人将手机放在一边是一件很难的事情。

但孩子们依赖与你的接触和交流，尤其是年幼的孩子，他们需要进行眼神交流，并要能够得到大人的反应才能感到安全。

你应该与孩子一起生活在现实世界中。

屏幕保姆

孩子什么时候可以接触电子屏幕，可以看多长时间，这是父母咨询最多的问题之一。近年来，许多为儿童开发的电视节目和应用程序都做得很好，它们以科学的方式与幼儿进行交流，通过轻松愉快的节奏、多次的重复、非常清晰的主题，使很小的孩子都可以学到东西。适当的屏幕时间对孩子有好处，对父母来说，把孩子的屏幕时间当作自己的空闲时间太诱人了，这在一定程度上导致孩子使用电子设备的情况有些失控。

> 在当今社会，让数字媒体从自己的生活中完全消失毫无意义。孩子们成长于一个必须了解数字媒体的世界，从小了解数字产品提供的便利和机会非常重要。你和孩子应该参与其中，但首先，你应该把自己关注的重点放在孩子身上。

有很多父母在孩子早上六点之前醒来时，就把电子设备塞给他们，以此来给自己争取更多的睡眠时间。有些父母则更为明智，只在吸引孩子过来吃早餐或换尿布等情况下使用电视或平板电脑，这让消费电子产品的短暂时间变得特别且有意义。当你感到劳累时，与其把电子设备塞给孩子，自己独自到床上睡觉，不如和孩子一起在沙发上小睡一下。

真实的交流

社交媒体为我们提供的交流方式无法替代真正的人与人之间的交流。孩子坐在奶奶的腿上，在她的客厅里走来走去，帮她做饭……这些与使用屏幕时的交流完全不同。现实生活中的人间烟火气所带来的嗅觉及味觉的体验和温暖的感受都是虚拟世界所能提供的经验不能媲美的：当我们拜访祖父母或朋友时，孩子会感觉很好，他们可以从中学习成年人的相处方式。孩子需要与我们一起聊天、大笑、吃饭——简而言之，就是一起度过美好的时光。

最后同样重要的是，孩子们必须知道与自己熟悉的环境之外的人建立情感纽带的意义。

网络社交媒体是一项奇妙的技术，但我担心它会减少有孩子的家庭中的真实交流，使家庭成员感到孤独。可以这么说，通过社交媒体的分享功能，每个人都可以了解你家中发生的事情，任何人都可以与你分享孩子成长发育中的点点滴滴，看他们迈出第一步或长出第一颗牙，大家都可以洞悉孩子日常生活中短暂的瞬间——但如果没有真实的人际交往，这些都是不够的。孩子还必须认识你生活中的其他重要人物。

我可以分享什么

与家人和密友分享照片是很不错的做法，但我建议你适当限制此类行为，这既是为了你，也是为了孩子。不要给正在经历悲伤或绝望等强烈情绪的孩子拍照，更不要在网上向公众公开这类照片。因为在这种情况下，你没有充分处理孩子遭遇的问题，孩子在这时不需要你为他找最佳的拍摄角度，而需要你帮助和安慰他（她）。你在这时拿孩子的混乱状况供他人娱乐，是很不尊重孩子的做法。

发布让你引以为豪的孩子的照片没什么问题，但这也会占用你和孩子相处的宝贵时间，影响你对孩子的关注度。

你可能因为上传一张儿子田园牧歌风格的照片收获很多点赞，但这种关爱来自陌生人，将你的注意力从你身边的重点转移到了遥远的陌生人那里。

在户外的儿子会感到无助，他现在需要你和他在一起。这些陌生人在网上的关注和喜爱会使我们远离身边真正需要我们的亲人。

不可分享的事情

- 处于悲伤、愤怒和沮丧等强烈情绪中的孩子——在这种情况下，不要给他们拍照，而要接近他们，安慰他们。
- 感到尴尬的孩子。当他们大到足以理解这些行为时，他们可能会受到伤害。
- 撒尿等与生殖器有关的照片。虽然孩子尚小，但这些照片可能会被误解和滥用。

可以分享的事情

你们一起做的活动和活动的结果。
- 你的计划,例如"与孩子一起前往伦敦,住在哪里比较好?"
- 孩子的心情(尤其是心情好的时候)。
- 孩子的里程碑,例如如厕训练和长出第一颗牙齿(但在这个话题上,应该把观众限制为最亲近的人,其他人实际上对这个不是很感兴趣)。
- 请记住,在社交媒体上分享也是一种分享途径,这种分享应该出自喜悦,而不是沮丧。你分享的内容必须是真实的,并且对于所有被提及的人来说都是正常的。

尿布和便盆训练

停止使用尿布意味着孩子朝着独立和自主的方向又迈出了一大步。一旦成功，孩子的自信意识便又会增强——最终世界就在他脚下！

但是，在孩子准备好之前，你没必要强迫他们离开尿布。大多数孩子都会在3岁左右自然而然地摆脱尿布，女孩通常会早一些。南部国家的孩子比北部国家的孩子更容易脱离尿布。如果孩子可以穿着轻便的夏季衣服到处走，一点点乱撒尿的小麻烦不算什么。但穿着雪地服或穿着厚厚的小裤子，那么不小心尿裤子了可就不那么有趣了。

如果你希望孩子在2岁之前脱离尿布，则需要明白，这个过程不但需要花费更长的时间，还将花费更多的精力。在父母有足够时间精心照顾的情况下，在温暖的季节里还是比较好办到的。如果旁边有儿童小便盆，请在觉得孩子需要的时候放在他们跟前（尤其是刚刚吃过饭时），如果孩子成功小便到便盆中，请表现出热情和赞赏。与孩子一起阅读有关独立去洗手间的书籍，让大小便成为这段时间的话题，并对独立大小便的训练持积极态度。

如果出了点问题，请避免一切形式的惩罚，这会给孩子带来内疚感，导致整个计划失败。孩子已经尽力而为了，脱离尿布这件事最重要的就是大家保持从容镇定的心态。

遇到特殊困难时该怎么办

生活有时是死胡同，人们遵循建议，但无济于事，狠狠撞到墙上，可墙却纹丝不动。当你阅读我的书时会发现，我无法为你描写别的家长或孩子遇到特殊困难时是怎么应对的。

有时候，事情不仅困难，而且极其困难。有些孩子对父母的要求要比其他孩子高得多，有些父母则需要更长的时间才能适应自己作为家长的角色。

你是自己家庭的船长，必须在风雨中带领并指导家人前进。无论家中有谁出了问题，局面都始终由你来掌控。

父母的责任

"这是正常的吗？""孩子的呼吸有问题吗？""孩子不应该早就会跑了吗？""我们是否应该给他足够的建议？""会一直这样吗？"有孩子就意味着你会产生各种担心，在我20年的从业经验中，我从未见过哪个父母不为孩子担心，但大多数时候，父母只会听到这样的回答："这很正常。"对于医疗保健系统中的许多工作者来说，带着令人放心的微笑与忧心忡忡的父母打交道，并给出这样的回答已成为一种自动模式。但是，医务人员如果搞错了怎么办？

最初的发育延迟对大约80%的儿童没有影响。随着时间的推移，他们终将赶上其他人，不会对他们以后的生活产生影响。尽管如此，还是存在令人担忧的意外情况。父母通常是首先注意到孩子出了问题的人，因为孩子在需要帮助时完全依赖父母。你如果很确定自己的孩子有些不对劲，那就要正视、严肃认真地对待，并从各方面深入了解所面对的问题，这也是对孩子负责的做法。

"一个艰难的妈妈"

我能明白拥有一个似乎有问题的孩子的那种感觉，但并不知道究竟是什么原因导致出现这样的问题。例如，我的一个儿子在上完幼儿园后总是发脾气，且无法被劝服，他也不愿意配合你做任何事情。当我向幼儿园的老师咨询时，他们表示这没必要担心，还告诉我："和我们在一起时，他是最可爱的孩子，我只能想到这样的形容词来描述他了。"但是他一回到家总会让大人身心俱疲。

从长远来看，生一个让父母不能正常应对的孩子是很累人的，因为养育这样的孩子会使你非常疲倦，以至于没有力气去思考，父母在这种情况下总是迫切寻求帮助。

我儿子拒绝吃燕麦糊，也不肯像其他孩子那样吃面包或煎饼,无奈之下,我给了他巧克力,试图让他明白吃东西可以很美好,他吃了。随着时间的流逝,我试着给他做很多食物,但他只喜欢米饭和冰激凌,几乎不吃其他的食物。

我的儿子一直维持着这种特质,以至于我们都已经习惯了。当我与医生讨论这个问题时,他们淡化了问题的严重性,告诉我有些孩子在饮食方面确实有些古怪。直到我儿子快4岁时,一个医生才告诉我他的成长有些问题,医生把这个问题与儿子的饮食习惯联系起来,让我们带他去验血,这才确定他患有乳糜泻(麦胶性肠病,欧美较常见)这种肠道疾病。

回想起来,我们太快就接受了专家们所谓的"没必要担心"这种话。我注意到有些事情不对劲,但是我不想成为一个"艰难的母亲",然后终于有人找到了儿子的问题所在,这才让事情有了一个定论。我从中学到了一些东西:对于担心孩子的父母来说,总是以"不用担心"这样的程式化语言来回答他们并不总是好的。

请勇于寻求帮助,勇于提出问题,并坚持一遍又一遍地寻找真正的答案——至少在你觉得孩子确实有问题的时候。

早 产

有些胎儿在完全发育成熟之前就提早来到了这个世界。如今,即使早产了好几周,婴儿也很少面临生存问题,甚至还能发育得不错,这是现代医学发展创造的奇迹,但这种情况也对父母提出了很多要求:孩子要在重症监护室待数周甚至数月,父母在这期间会被各种等待和焦虑的情绪所缠绕，会面对无数恐惧，担心该怎么办，孩子未来是否会面临无法避免的问题。早产儿的器官尚未完全发育，其身心发展也会远远落后于足月出生的孩子。

满怀希望，与早产儿保持亲密接触和皮肤接触。你的孩子会有两个生日——他真正出生的那天和他原本应该出生的那天。对于早产儿来说，困难才刚开始，在以后的岁月里，你还会面临诸多挑战，但请记住这一点：不要把孩子与同龄人做对比，因为这样做会使你对自己的孩子感到失望。你的孩子是一个真正的奇迹——只是需要更长的时间去证明。

婴儿肠绞痛

我们不知道婴儿肠绞痛的确切病因，因为引发肠绞痛的原因很多。所有患有肠绞痛的孩子的父母都体会过束手无策、筋疲力尽。通常在出生后的几天里，孩子就会出现哭泣不止的问题，这种情况可能持续数月。除了抱着孩子轻轻抚慰以及母乳喂养以外，没有其他"止痛药"。关于肠绞痛有很多善意的提醒和建议，但没有一个特别有效，也不能保证对每个孩子都有用。

婴儿肠绞痛确实是件糟心的事，父母无法真正明白孩子的感受，也无法为他们提供有用的帮助，无论你做什么，孩子都会号哭，最后你也累坏了。作为安慰，我只能说："这些会结束的。"

如果孩子遭遇肠绞痛，请动员你所处环境中所有可以获得的支持和帮助。患有婴儿肠绞痛的孩子比其他孩子更容易被剧烈摇晃，甚至被父母殴打，他们可能因此遭受严重的伤害。不断的哭泣会令大人不堪重负，如果你不能保持冷静和理性，就有可能对孩子造成永久性的伤害。婴儿是无辜的，他们无法解决自己的消化问题。但即使在这些困难时期，父母也负有特殊的责任，要给孩子提供他们所需的安全保障。

这种情况终有一天会过去，你的孩子也会变得和其他正常孩子一样，也不会留下任何后遗症。婴儿肠绞痛会影响父母与孩子之间需要发展的情感纽带，这是父母面临的最大挑战之一。

度过这场暴风雨的家庭应该获得奖牌，孩子的肠道终于正常了，而在那之前，你只能尽力而为。

残疾儿童

在科技发达的今天，怀孕和分娩的风险已经很小了，但依然没有百分之百零风险的保证。有些孩子一来到这个世界就伴随着特殊的困难和特殊的生长需求。从第一次超声检查开始，孩子的父母就可以对即将到来的孩子有一定预期，或者已经得知孩子可能会有一些问题。

无论发生什么，他仍将是你的孩子——作为一家人，你将不得不承受某种特殊的负担。

在为孩子的到来感到高兴之前，要先应对拥有一个"不平常"的孩子的痛苦。就像很多人现在正在经历的那样，你可能需要很多年才能适应这种生活。

没有亲身经历过的家庭很难理解一个需要特别照顾的孩子所带来的悲伤、喜悦和恐惧。因此，要去寻求其他有过相同经历的人的支持，即使他们中的大多数在应对这种情况时都很艰难，但不要太过失望，唯一重要的是你要这样做——一步一步来，直到你成为在这种特殊状况下处理孩子和家庭之间关系的专家。

一份给特殊儿童父母的建议清单

1. 让你无限担忧的孩子

生活偏离预期的原因有很多，有些孩子会给你带来特别的负担，让你的生活变得颠倒混乱，或产生无尽的忧虑，然后你不可避免地一遍又一遍地谈论它，从而了解自己遇到的问题并找到生活中新的平衡点。寻找一个有足够爱心和耐心来帮助你解决困难的人，或者寻找可以帮助你的专家。

2. 你的孩子——你的责任

即使咨询了许多专家（不同的医生或心理学家），也要始终让自己掌控所有状况。这是你自己的孩子，即使有时候你很容易陷入一种假象，觉得别人正在对你的孩子负责，但全部的情况也只有你自己能掌握。每个从业者只看问题的一小部分，孩子却需要一个人去关心他（她）的全部，那个人就是作为家长的你。

3. 接受实用的帮助

有些人可以很好地接受帮助，另一些人则感到困难。如果你确实需要帮助，当有人帮你做饭或询问是否需要帮你搬新橱柜时，你要学会说"谢谢，我很高兴"，学着让自己接受帮助。

4. 被遗忘的"其他人"

对于父母来说，自己的孩子始终是关注的焦点，而且你很快就会发现自己的那些担忧对其他人来说很无趣。不要为此受到伤害，尽量寻找那些真正关心你和孩子的朋友进行倾诉。

5. 把伴侣放在眼里

特殊孩子的父母将比其他人过得困难得多。他们的夫妻关系在这种压力之下，牢固程度也比没有遇到问题时低。如果你尝试继续感知对方，可以采取一些补救措施：在日常生活中找些时间，微笑地看着对方。

6. 一切都会变得更好

在一开始看起来似乎不可逾越的困难终将被克服。生活就像一个蚁丘——我们不断地修复它、整理它，即使它遭到毁坏，也尽最大的努力使它复原。我们人类的能力是超出想象的——就像你和周围邻居的生活，随着时间的推移，最终都将比你预计的要好很多。

产后抑郁症

我认识蒂娜很久了，也见证了她的整个成长过程。怀孕使她回到了不幸的少年时代，但后来一切都又好了起来。在临分娩前的几个月里，她期待着婴儿的到来。生产过程很顺利，但是在分娩后的第三天，蒂娜感到非常沮丧。她觉得自己和孩子在一起所要承担的责任太大了，以至于不敢与儿子单独相处。她不明白自己为什么会出现这样的问题，对自己的想法感到不知所措，并产生了极大的恐惧。结果是她恳求伴侣不要离开她，不要出门、上班、见朋友。她非常需要他，这使她感觉更糟了。

我们所说的"产后抑郁症"有几个方面的诱因。对某些人来说，抚养孩子的责任是一种很大的压力，而对于另一些人来说，身体和激素的变化会引发不可抑制的失落情绪。任何产后女性都可能遇到产后抑郁。在我所见到的案例中，许多女性经历了分娩后很容易联想到旧时不开心的经历，产褥期激素的变化也会导致她们总是充满强烈的情绪。

抑郁症伴随着恐惧——你感觉不舒服，还会变得很胆小，害怕任何冒险。产后抑郁发生的时候，你总会觉得生活给予你的东西越来越少，这反过来又增加了沮丧感。这是一个恶性循环，患有产后抑郁症的人会明显地感到：你的整个世界只剩下孩子，这正是让你感到无能为力的原因。

蒂娜因产后抑郁症到我这里治疗了几个月，在这个过程中，她逐渐找回了对生活的掌控力和自信。她需要相信自己可以独立应对抚养孩子的事情，同时逐渐帮助伴侣找回对她的信任，使他可以放心地把孩子单独留给自己。

大众总会认为所有父母都应该是幸福快乐的，这种想法太普遍了，以至于每个人都觉得如果自己没有感到幸福和快乐是不正常的。但如果你作为一位母亲，出于某种原因感到失望和空虚压过了喜悦，那么想要成为一个幸福的家长就会很困难，这是与产后抑郁症相关的事实。

如果你有这种感觉，只有一种做法有用：找一个合适的人，向他倾诉这种感受。

产后抑郁症所带来的最大问题是母子之间的纽带会被严重破坏。你可以向成年人隐瞒自己的病情和感受，也可以用话语掩饰，但孩子却依赖你生动活泼的面部表情，母子之间的交流都要依靠面对面的交流。如果你患有抑郁症，就会在孩子面前保持沉默，这样你们之间就失去了联系。

无论是什么原因造成了你的情绪低落，我都会建议你始终寻找伴侣以外的帮助，就算家庭关系破裂也不要放弃。

我可以向你保证，一切都会好起来的。但是，如果没有其他人的帮助，只依靠自愈，可能会花费很长时间，并给家人和孩子都造成巨大的痛苦。

成为你家庭的船长，与一切困难做斗争，这是你的责任，但孤立无援的话你将很难走出困境。

摇篮曲总是可以使孩子感到亲切和平静,可以帮助他们在应该入睡时快速进入梦乡。

那是让孩子感到熟悉的声音,预示着白天结束,夜晚降临,该睡觉了。许多人会有这样的经历:虽然从没刻意学习,却会在某个不经意的瞬间,突然哼唱起那段儿时熟悉的旋律。哼唱摇篮曲是自己和孩子的交流——通过能够让孩子安静下来的旋律,深入他的内心。在未来某个时刻,孩子会再把这个旋律唱给他(她)自己的孩子听。

就像你与以前曾向你唱过这些歌曲的人建立联系一样,你也将通过歌曲与自己的孩子建立联系。

用你的声音讲故事。你很难向孩子传递比这更美丽的东西——这条将你自己的童年与孩子的童年联系起来的纽带。

孩子的本性

"你是谁?"在孩子可以回答这个问题之前,父母就会提出这类问题:你有一天会成为什么样的人?你会喜欢春天风中白桦树的沙沙声,还是在城堡公园里闻到的茉莉花的香气?当你抬头仰望天空时,会不会因为宇宙万物的无限而陷入困惑?还是说你喜欢弯下腰到草丛中,感受湿润的土地,呼吸刚修剪过的草丛中的香气,体验这种宁静的美好?你会快乐还是寂寞?你是喜欢自己发表有趣的演讲,还是更喜欢听别人的演讲?

等你成长为少年时,还会爱我吗?

父母很快就对自己的孩子到底是什么样的人形成看法——"他很谦虚""她是个爱恶作剧的人"。你今天对孩子的印象会在10年或20年后仍然存在吗?你已经了解他的天性了吗?

我们的个性在整个童年时期不断发展,通过我们与生命中所遇见的人们的关系,通过我们所继承的风格,通过我们经历的那些事情所带来的感受,我们最基本的特征在童年时期就已经稳定下来。而父母在孩子身上了解的第一件事，就是他的个性：孩子是谨慎的还是奔放的。在未来的几年中，你将逐渐认识到更多。

现在就确定孩子到底拥有怎样的天性还为时过早。

但是你应该知道一件事：孩子只是他自己。

父母对自己的孩子保持好奇心是很正常的。当孩子们逐渐长大，经历得越来越多时，他们会越来越多地向我们展示他们的身份。如果我们太渴望给他们一个标签，或决定他们应该变成什么样子的人，就会阻碍他们的成长。

我年轻的时候，会在黑暗的房间里洗照片。我将照片纸放在显影液中，过几秒，图片就逐渐显现出来。这个过程太令人兴奋了，我到今天仍然能记起那种感觉：哪里会变得更加清晰，哪里会变得相对模糊，我从照片上捕捉到了什么、错过了什么。渐渐地，我找到了答案，这个过程总是很不错。

总会有出人意料的事情出现。

生育孩子就像站在暗房里洗照片，只是花费的时间不再是数秒，而是数月和数年。你将在 20 年的时间里逐渐看清你的孩子到底是怎样的人。同时在这个过程中，你必须控制可能出现的微小偏差，它们会轮番显现，然后再消失。孩子和成年人不同。作为父母，你别无选择，只能适应自己的孩子，适应他们特有的成长方式。简单地驯服孩子是不可能的，你必须给孩子提供自我蜕变过程中所需东西，你要重视孩子自己想要成为什么样的人，并帮助他们把自己的人生从一张空白的画板变成一幅多彩又独特的作品。

你的孩子，会成为一个奇迹。

致　谢

多年来，有很多人为我提供知识，给我带来启发，令我更加坚强。在编写本书时，我尤其要感谢他们中的一些人：丹麦心理学家和家庭治疗师杰斯珀·朱尔为该领域带来了令人耳目一新的开放性视角和更加清晰的阐释，不断为我的工作注入灵感。丹尼尔·西格尔博士研究了大脑成熟与幼稚引起的行为上的不同，为我的这本书提供了宝贵的参考。苏·约翰逊博士是这一领域的重要意见领袖，她强调了人类之间的情感联系在我们的整个生活中发挥着的至关重要的作用，非常令人钦佩。我还从自己的前导师，心理学家柯斯蒂·R.哈兰兹那里获得了强有力的支持，她丰富的专业知识及独特的理念都给我带来很多启发，尤其是尊重孩子和家庭至关重要，我们必须先建立家庭平衡等观点，给我带来非常大的启发。

我还要感谢我在奥斯陆工作室的同事们，通过我们的合作、专业交流和友谊，我不断获得来自大家的新见解，它们鞭策我对自己的立场和观点不断进行反思。我还要感谢我自己的心理医生们：心理学家安娜·约根、阿格妮特·哈林霍、约翰内·索恩斯和亨利埃特·康拉德森。

我还要感谢许多在我的专业领域中做出过杰出贡献的人，他们都为我的写作提供了灵感。非常感谢所有儿童发展研究的同人，感谢所有发表并传递该领域知识的人！

我要对我的咨询者们表示最深切的感谢，因为他们，我才可以将自己学到的知识运用到日常发生的情况中。我热爱自己作为治疗师的每时每刻，非常感谢你们让我深入了解你们的生活和家人，这一切都令人深受鼓舞。最后要感谢我生命中最重要的人：我的三个儿子和爱人：马克斯、克拉斯、米克尔和克杰蒂尔。是你们让我每天保持微笑，赋予我生活的意义，你们是我撰写本书的动力和灵感源泉。

参考文献

Abbott, Rob, Burkitt, Esther (2015):
Child Development and the Brain.
An Introduction.

Johnson, Sue (2011): Hold Me Tight:
Your Guide to the Most Successful Approach
to Building Loving Relationships

Juul, Jesper (1996): Ditt kompetente barn
– på vei mot et nytt verdigrunnlag i familien.

Siegel, Daniel J., Bryson, Tina Payne (2015):
No-drama Discipline: The Whole-Brain Way
to Calm the Chaos and Nurture
Your Child's Developing Brain.

Siegel, Daniel J., Hartzell, Mary (2004):
Parenting From the Inside Out:
How a Deeper Self-understanding
Can Help You Raise Children Who Thrive.

Walker, Matthew (2017): Why We Sleep.
The New Science of Sleep and Dreams.